本书由国家自然科学基金青年项目（71702002）、北方工业大学学科建设——优势学科 工商管理项目（217051360018XN047）、北京市教委社科计划一般项目（SM201910009007）、北方工业大学青年毓优人才项目（107051360019XN135/009）资助出版

在线品牌社区互动质量、顾客契合对共创价值的影响

涂剑波　刘　倩◎著

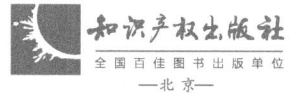

全国百佳图书出版单位
—北京—

图书在版编目（CIP）数据

在线品牌社区互动质量、顾客契合对共创价值的影响/涂剑波，刘倩著. —北京：知识产权出版社，2020.5

ISBN 978-7-5130-6926-7

Ⅰ.①在… Ⅱ.①涂… ②刘… Ⅲ.①网络营销—品牌营销—研究 Ⅳ.①F713.365.2

中国版本图书馆 CIP 数据核字（2020）第 081722 号

内容提要

本书基于现有的文献，构建在线品牌社区中顾客契合与共创价值的关系模型，服务场景通过顾客契合对共创价值的影响关系模型，探讨互动质量与共创价值的关系；通过实证研究方法，验证在线品牌社区互动质量、顾客契合与共创价值的关系模型。本书丰富了现有的共创价值理论，并为企业有效运用共创价值理论提升营销和服务提供理论借鉴。

读者对象：管理学、市场营销专业的高校教师、科研工作者、在校学生。

责任编辑：江宜玲	责任校对：谷　洋
封面设计：段子可	责任印制：孙婷婷

工商管理学术文库

在线品牌社区互动质量、顾客契合对共创价值的影响

涂剑波　刘　倩◎著

出版发行	知识产权出版社有限责任公司	网　　址	http://www.ipph.cn
社　　址	北京市海淀区气象路 50 号院	邮　　编	100081
责编电话	010-82000860 转 8339	责编邮箱	jiangyiling@cnipr.com
发行电话	010-82000860 转 8101/8102	发行传真	010-82000893/82005070/82000270
印　　刷	北京建宏印刷有限公司	经　　销	各大网上书店、新华书店及相关专业书店
开　　本	720mm×1000mm　1/16	印　　张	8
版　　次	2020 年 5 月第 1 版	印　　次	2020 年 5 月第 1 次印刷
字　　数	136 千字	定　　价	48.00 元

ISBN 978-7-5130-6926-7

出版权专有　侵权必究

如有印装质量问题，本社负责调换。

前　言

本书源于我主持的国家自然科学基金项目"在线品牌社区顾客价值共创行为的前因及结果效应：社会资本视角"（项目编号：71702002）。通过研究该项目，一方面增强了我对在线品牌社区的研究兴趣；另一方面使我进一步深入了对价值共创领域的研究。我从读博士阶段起一直从事价值共创方面的研究，并撰写了多篇价值共创的论文，分别发表在《预测》《湖南大学学报（自然科学版）》《同济大学学报（自然科学版）》《财经论丛》《武汉理工大学学报（社会科学版）》等国内核心期刊上。

2014年7月，我进入北方工业大学经济管理学院工作，主要从事市场营销方面的教学和科研工作。2017年8月，我获批国家自然科学基金项目"在线品牌社区顾客价值共创行为的前因及结果效应：社会资本视角"（项目编号：71702002），并开始对在线品牌社区领域的价值共创进行深入研究。

在商品主导逻辑下，价值被认为是由企业在生产和服务过程中创造出来的，顾客只是被动的接受者。自服务主导逻辑被提出，价值不再被认为是由企业单独创造，而是通过使消费者参与到生产或服务过程中来共同创造，顾客不再是价值的被动接受者，而是积极主动地参与到了价值共创的过程中。涂剑波等（2015）将共创价值划分为实用价值、享乐价值和顾客资产三个维度，基于在线品牌社区的背景，探索了共创价值的影响因素。在在线品牌社区中，顾客更容易通过互动来参与到价值共创的过程中。顾客通过感知和参与社区，对社区形成认知，进而参与到价值共创的互动中去获得共创价值。在已有的研究中，不少已经涉及在不同情景下的价值共创过程，但是对于顾客契合、服务场景和互动质量等因素对共创价值的影响还缺少深入的研究。

因此本书基于现有文献，提出在线品牌社区中顾客契合、互动质量对共创价值的影响,并验证了其关系模型。本书丰富了现有的共创价值理论,对其前因变量进行了研究探索,为企业有效应用共创价值理论提升营销和服务水平提供了理论基础。

涂剑波

2020 年 5 月于北方工业大学

目 录

第一章 绪 论 (1)

第一节 问题的提出 (1)

第二节 研究意义 (4)

　一、理论意义 (4)

　二、实践意义 (5)

第三节 主要研究内容 (6)

第四节 研究方法与创新性 (7)

　一、研究方法 (7)

　二、创新性 (8)

第二章 文献综述 (9)

第一节 服务主导逻辑理论 (9)

第二节 在线品牌社区 (12)

　一、在线品牌社区的定义 (12)

　二、在线品牌社区的实证研究 (14)

第三节 共创价值 (16)

　一、共创价值的定义 (16)

　二、共创价值的维度 (17)

　三、共创价值的实证研究 (18)

第四节 互动质量 (20)

　一、互动质量的定义 (20)

二、互动质量的维度 …………………………………………… (21)
　　三、互动质量的实证研究 ……………………………………… (22)
第五节　顾客契合 ……………………………………………………… (24)
　　一、顾客契合的定义 …………………………………………… (24)
　　二、顾客契合的维度 …………………………………………… (25)
　　三、顾客契合的实证研究 ……………………………………… (26)
第六节　关系质量 ……………………………………………………… (28)
　　一、关系质量的定义 …………………………………………… (28)
　　二、关系质量的维度 …………………………………………… (29)
　　三、关系质量的实证研究 ……………………………………… (30)
第七节　互　动 ………………………………………………………… (31)
　　一、互动的定义 ………………………………………………… (31)
　　二、互动的维度 ………………………………………………… (33)
　　三、互动的实证研究 …………………………………………… (33)
第八节　服务场景 ……………………………………………………… (34)
　　一、服务场景的定义 …………………………………………… (34)
　　二、服务场景的实证研究 ……………………………………… (35)
第九节　性别差异 ……………………………………………………… (36)
　　一、性别差异的含义 …………………………………………… (36)
　　二、性别差异的实证研究 ……………………………………… (37)
第十节　顾客满意度 …………………………………………………… (38)
　　一、顾客满意度的定义 ………………………………………… (38)
　　二、顾客满意度的实证研究 …………………………………… (39)
第十一节　顾客粘性 …………………………………………………… (41)
　　一、顾客粘性的定义 …………………………………………… (41)
　　二、顾客粘性的实证研究 ……………………………………… (42)
第十二节　研究述评 …………………………………………………… (43)

第三章　研究模型构建 …………………………………………………… (46)

第一节　在线品牌社区顾客契合与共创价值的关系 ………………… (46)

第二节 服务场景、顾客契合与共创价值的关系 …………… (47)
第三节 互动、互动质量与共创价值的关系 ………………… (49)
第四节 基于性别差异调节作用的顾客契合与共创价值的关系 …… (51)
第五节 共创价值和顾客粘性的关系 ………………………… (52)

第四章 研究设计 ……………………………………………… (54)

第一节 问卷设计 ……………………………………………… (54)
　一、问卷设计 ……………………………………………… (54)
　二、变量定义和变量测量 ………………………………… (54)
第二节 预调研 ………………………………………………… (59)
第三节 正式问卷调研 ………………………………………… (59)
　一、正式问卷调研的目的 ………………………………… (60)
　二、样本设计与问卷调研 ………………………………… (60)
第四节 信度与效度分析 ……………………………………… (61)
第五节 探索性因子分析 ……………………………………… (62)
第六节 验证性因子分析 ……………………………………… (62)
第七节 多元回归分析 ………………………………………… (63)
　一、一元线性回归分析 …………………………………… (63)
　二、多元回归分析 ………………………………………… (64)

第五章 在线品牌社区顾客契合、共创价值和顾客粘性的关系分析 ……………………………………………… (66)

第一节 描述性统计分析 ……………………………………… (66)
第二节 信度和效度分析 ……………………………………… (67)
　一、信度分析 ……………………………………………… (67)
　二、效度分析 ……………………………………………… (68)
第三节 在线品牌社区顾客契合与共创价值的关系分析 …… (68)
第四节 基于性别差异调节作用的顾客契合与共创价值的关系分析 …………………………………………… (70)
第五节 共创价值与顾客粘性的关系分析 …………………… (75)

第六章　服务场景、顾客契合与共创价值的关系分析…………（77）

第一节　描述性统计分析……………………………………（77）
第二节　信度和效度分析……………………………………（78）
一、信度分析…………………………………………（78）
二、效度分析…………………………………………（78）
第三节　服务场景、顾客契合与共创价值的关系分析………（79）

第七章　互动、互动质量与共创价值的关系分析……………（83）

第一节　描述性统计分析……………………………………（83）
第二节　信度和效度分析……………………………………（84）
一、信度分析…………………………………………（84）
二、效度分析…………………………………………（84）
第三节　互动、互动质量与共创价值的关系分析……………（85）

第八章　结论与营销启示………………………………………（89）

第一节　结　论………………………………………………（89）
第二节　营销启示……………………………………………（92）
第三节　局限性与未来研究方向……………………………（94）

参考文献…………………………………………………………（95）

第一章 绪　论

第一节　问题的提出

随着网络信息技术的不断发展，网络社区平台在企业营销与服务中发挥着越来越重要的作用。例如，小米、魅族等品牌企业充分利用互联网构建手机网络社区平台，一方面鼓励企业的客户和粉丝在社区平台中分享自己的产品使用体验、进行使用中问题的咨询；另一方面从网络社区平台中顾客的信息分享和反馈中获取有关产品改善和使用提升的信息，为企业新产品开发和品牌的推广提供有力支持。因而品牌企业的网络社区平台在企业的新产品开发和营销服务过程中起着积极的作用。

品牌社区就是一个以亲和力和情感为纽带联结消费者的分散的社会关系网络（Munz, O'Guinn, 2001）。品牌社区也是一种以共享文化为标志的社会集体，通过成员的消费意义、仪式和实践，共同制定、协商和共同创造品牌认同（Kozinets, 2001）。随着企业营销的不断发展，传统的品牌社区已经不能满足消费者对品牌的选择和参与，也不利于品牌的建设和发展。随着互联网技术的不断发展，在线品牌社区作为传统线下社区的有力补充逐渐成了近几年企业营销研究的热点。在线品牌社区又称为虚拟品牌社区、虚拟品牌社群，是指互联网上以某一品牌或产品为主题的供品牌爱好者进行相互交流的虚拟平台（Muniz, O'Guinn, 2001），在线品牌社区中的顾客对品牌具有相同的爱好且遵守共同的行为规范。在线品牌社区作为一种独特的社区群体组织形式，对消费者的品牌选择和企业的品牌建设产生了重要影响。

随着 Web 2.0 的不断发展，在线品牌社区已成为企业进行关系营销的重要工具，也是企业发展竞争力、提高产品差异化的重要工具。对企业来说在线品牌社区是一项重要的新发展，因为它加强了企业与人、人与人之间的联系。在线品牌社区是网络社会关系的集合，不仅仅是与客户，而是与任何对他们的市场感兴趣和活跃的人，包括员工、有竞争力的品牌顾客和市场专家。企业充分利用在线品牌社区的作用，是企业与消费者建立长期、稳定关系的有效策略。顾客通过在在线品牌社区中与其他顾客或企业进行互动、交流，逐渐形成对在线品牌社区的认同感，从而进行品牌选择和产品购买。在激烈的市场竞争中，在线品牌社区已经成为提升品牌形象和企业竞争力的营销工具和手段。

顾客为什么会乐于使用在线品牌社区呢？根据需求动机理论，人的行为受动机因素的影响，顾客在在线品牌社区中有获取信息、享乐的需求，由此在线品牌社区成为顾客互动的平台。当顾客为了满足其获取信息以及享乐的需求的时候，顾客会通过虚拟社区进行互动，有可能是与平台的服务人员进行互动，也有可能是与其他顾客进行互动，通过这个虚拟的结构化社会关系网络组织，顾客搜寻信息，寻求帮助，从而获得需要的价值。

价值理论一直影响着人类的活动。在各种交易中，对所得利益的评估是通过获得的价值来衡量的。因此，对营销人员和消费者来说，价值都是一个至关重要的概念。随着市场的变化，顾客通过新的平台进行互动，如社交媒体、虚拟社区等，这些使企业和顾客之间的关系发生了变化，企业和顾客之间不再只是买卖的关系，这些变化促使企业和顾客之间进行价值共创，互动成了价值共创过程中关注的焦点。这种变化源于市场营销从以商品为中心的观点向以服务为中心的观点的转变。Vargo 和 Lusch（2004a，2004b）认为：市场营销中出现了一种新的主导逻辑，其中交换的核心概念是服务供应，而不是商品。随着市场营销新逻辑的出现，以及对服务营销的重大影响，商品与服务之间的界限变得模糊。Lovelock 和 Gummesson（2004）相应地提出：服务应该在新的市场营销主导逻辑下重新评估。对于共创价值的研究已经从商品主导逻辑转为服务主导逻辑，在服务主导逻辑下，价值不再是生产者的单独活动，而是通过与顾客的互动共同创造价值。在服务体验中，顾客的目标不仅是满足他们的实际需求，而且是满足他们的社会和心理需求。因此，客户的行为不仅受到物理刺激的影响，还受到社会和人的刺激。在此背景下，Breda（2004）将服务体验定义为一种社会体验和社会互动的来源。在过去的十年中，市场营销思想最重要的发展之一就是越来越强调理解顾客对顾客（C2C）互动的影响因素和结果效应。尽管 C2C 互动可以提高增长和盈利能力（Arndt，1967）这一点早已得到公认，但营销学者和实践者越来越多地将 C2C 互动视为企业绩效的重要因素，通过互动质量来衡量顾客与顾客、顾客与平台互动的效果。Lemke 等（2011）提出顾客对顾客的互动质量是指顾客相互之间的交互优势的感知判断，是提供优质顾客体验的关键因素。顾客感知顾客对顾客的互动质量是基于与其他顾客（同伴）互动的暗示，这种暗示或显性或隐性地发生。显性顾客对顾客的互动是指顾客之间的人际互动，包括可见或可听的活动（如帮助、失当行为、大声喧哗）。以往对亲社会行为的研究主要针对不同社会关系强度的人的帮助行为。也就是说，社会支持交易发生在强关系的人之间，如朋友、家人以及陌生人之间。Tombs（Tombs，2010）认为除了显性的人际互动，还存在隐性的人际互动与仅仅是场景一部分的顾客互动。从理论的角度来看，服务接触和客户之间的互动是服务共同创建流程中的主要元素之一。因此，双方之间的有效互动对价值的实现是至关重要的。相反，缺乏互动可能会导致价值的共同破坏，特别是在需要高水平交互的服务中，如医疗。互动质量被认为是服务流程的一个重要部分。然而，关于互动质量对关键营销目标（如顾客价值、顾客满意度、忠诚度或正面口碑）的作用的研究仍然比较少。为了深入研究互动质量的结果，本书将对互动质量与共创价值的关系进行研究，拓展互动质量的结果效应研究。

在线品牌社区作为一种契合平台，通过资源整合和知识共享促进价值共创，企业、顾客和其他利益相关者通过虚拟品牌社区可以直接通过互动实现高度契合，从而形成系统化的价值共创体系。在在线品牌社区中，消费者分享他们对特定品牌的兴趣，交换信息和知识，社区成员通过论坛等进行大量的信息交互、情感交流以及资源共享，从而共创价值。无论是生产者还是消费者都是价值创造的参与者，同时更强调消费者在价值共创中自主参与的作用。在线品牌社区最大的特点就是社区成员的互动性，而针对互动质量作为互动性的一种衡量是否对共创价值产生了影响并没有得到深入的探讨。顾客契合为当前关于消费者和品牌关系的理论研究提供了新的思路。在网络品牌社区中，顾客会识别品牌企业是否与消费者自我构念一致来达到对品牌的认知和情感，所以关于顾客契合是否会对共创价值产生影响存在进一步研究的可能性。

所以本书通过对服务场景、顾客契合、共创价值的关系进行研究，分析服务场景对共创价值的影响，以及顾客契合在服务场景与共创价值关系中的中介效应作用；分析互动和互动质量对共创价值的影响、性别差异在顾客契合与共创价值关系中的调节作用，以及共创价值对顾客满意和顾客粘性的影响。从理论上丰富顾客契合、服务场景、互动和共创价值的理论研究，从实践上为在线品牌社区进一步提升营销与服务提供理论借鉴。

第二节　研究意义

本书通过对在线品牌社区互动质量、顾客契合对共创价值的影响进行深入的研究，对现有的共创价值理论做出了积极贡献。

一、理论意义

首先，本书以价值共创、服务场景、顾客契合等理论为基础，从服务场景和顾客契合的角度出发来探究共创价值的影响因素，进一步丰富了共创价值的形成机理研究。本书深入研究服务场景通过顾客契合对共创价值的影响机理，对现有的共创价值影响因素研究进行了较好的补充。服务场景作为网络环境的重要因素之一，将对网络品牌社区的价值共创和营销提升发挥重要的作用。

其次，本书从互动、互动质量的角度探究它们对共创价值的影响，进一步丰富了共创价值的前因研究。在已有的研究中，学者们从体验质量（张明立等，2013）、顾客体验、资源整合（涂剑波等，2013）等角度分析共创价值的影响因素，但是尚未研究互动与共创价值的直接影响，也未能分析互动质量对共创价值的直接效应。本研究分析互动和互动质量对共创价值的影响，以及互动质量在互动与共创价值关系中的调节效应，进一步丰富了共创价值的影响因素研究。在线品牌社区平台对互动和互动质量的重视，将进一步提升顾客与企业的共创价值。

再次，本书在顾客契合、共创价值和性别差异等理论基础上，进一步分析了性别差异在顾客契合和共创价值关系中的调节作用，丰富了顾客契合和共创价值的理论研究。男性和女性由于心理和生理因素的不同，影响了不同性别顾客的行为和认知。通过研究性别差异的影响，能帮助品牌社区针对不同性别的顾客开展更有针对性的营销推广和服务。

最后，本研究分析了共创价值对顾客粘性的影响，进一步补充了共创价值的结果效应研究。在已有的共创价值结果研究中，学者们主要从顾客忠诚、行为意向和顾客满意等角度分析共创价值的结果效应。本书分析共创价值对顾客粘性的影响，进一步丰富了共创价值的结果效应研究。

二、实践意义

首先，本研究探究了在线品牌社区中服务场景、顾客契合和共创价值的影响关系，启示了在线品牌社区平台要充分重视网络服务场景、顾客契合等因素对企业与顾客共创价值的重要作用。网络服务场景包括了审美诉求、功能布局和财务安全等重要维度。加强网络平台的审美设计、网络页面布局，提升网站使用的信息安全等，能有效提升顾客对于平台的认知和积极行为，从而为顾客与企业共创价值提供有力的支持。

其次，本研究深入研究互动、互动质量对共创价值的影响，启示了在线品牌社区不仅要有效激发顾客与平台、顾客与顾客之间的互动，还需要提升互动的质量，从而有效提升价值共创过程。

再次，本研究分析性别差异在顾客契合和共创价值关系中的调节作用，启示了在线品牌社区需要根据男性和女性的差异策划和实施有效的营销策略。男性更加偏向于理性的目标，而女性对交流过程更加青睐。根据性别差异因素制定有效的价值共创策略，将有助于在线品牌社区提升营销与服务水平。

最后，本研究分析共创价值对顾客粘性的影响，启示了在网络品牌社区中有效促成共创价值的实现，将进一步为平台积累忠诚客户。通过提高顾客的粘性，可为平台和企业积累更多有益的客户资源，提升企业的品牌和服务。

第三节　主要研究内容

本书的研究内容包括以下几个部分：

第一章　绪论：对问题的提出进行描述；论述研究的意义；提出本书的主要研究内容；介绍研究所使用的方法和阐述研究的创新点。

第二章　文献综述：对研究所涉及的一些核心概念——服务主导逻辑、在线品牌社区、共创价值、互动、互动质量、关系质量、顾客契合、服务场景、性别差异等因素进行文献回顾，并对现有的国内外研究进行评述。

第三章　研究模型构建：在研究现有的文献基础上，构建服务场景、顾客契合和共创价值的影响关系，分析服务场景对顾客契合的影响、顾客契合对共创价值的影响，以及顾客契合在服务场景与共创价值关系中的中介效应。构建互动、互动质量对共创价值的影响关系模型，分析互动和互动质量对共创价值的直接影响。进一步分析性别差异在顾客契合与共创价值关系中的调节作用，揭示性别差异的重要影响。从共创价值结果的角度构建共创价值与顾客粘性的关系，分析了共创价值对顾客粘性的影响关系。

第四章　研究设计：对问卷进行设计；描述变量的测量及样本与数据收集的过程；论述数据的信度与效度分析的方法；论述验证性因子分析和多元回归分析的方法。

第五章　在线品牌社区顾客契合、共创价值和顾客粘性的关系分析：对调查的数据进行信度与效度分析；验证性因子分析，确定各个变量的维度与条目；对在线品牌社区顾客契合、共创价值和顾客粘性的影响关系进行深入分析，并分析性别差异对顾客契合与共创价值关系的调节作用。

第六章　服务场景、顾客契合与共创价值的关系分析：对调查的数据进行信度与效度分析；对服务场景、顾客契合与共创价值的关系进行深入研究。

第七章　互动、互动质量与共创价值的关系分析：对调查的数据进行信度与效度分析；对互动、互动质量分别与共创价值的关系进行深入研究，揭示互动和互动质量对共创价值的重要作用。

第八章　结论和营销启示：根据数据分析结果得出本研究的结论，并根据结论提出对在线品牌社区平台的营销启示；分析了研究的局限性和未来研究方向。

第四节 研究方法与创新性

一、研究方法

本书主要采用以下四种研究方法。

（一）文献研究法

根据本书需要，对有关国内外文献尤其是重点期刊杂志的文献进行分析整理，对其主要观点和结论进行收集并重新归类研究。将其取得的创新性研究及成果和对未来的展望为本研究提供借鉴和比较。同时，通过对相关问题的文献回顾，为研究中理论模型的构建提供进一步支持。

（二）理论分析法

理论分析属于理论思维的一种形式，是科学分析的一种高级形式。它是在思想上把事物分解为各个组成部分、特征、属性、关系等，再从本质上加以界定和确立，进而通过综合分析把握其规律性。服务主导逻辑理论、共创价值理论等构成了这些问题的研究基础，运用这些理论可从理论的高度探索在线品牌社区互动质量、顾客契合对共创价值的影响。

（三）问卷调查法

问卷调查法是一种书面的调查方法，由被调查者填写关于问题的建议、意见，以获得资料信息。定量研究中的大量数据都是通过问卷调查法收集的。本研究运用预调研、正式调研等方法，确定了调研的量表并收集了数据分析的重要数据。

（四）定量分析技术

在检验理论模型及提出的研究假设时，将用到一些数据统计分析方法。本书利用验证性因子分析对数据进行处理和分析；利用结构方程模型对假设和理论进行检验。

二、创新性

首先，本书创新性地提出了服务场景、顾客契合和共创价值的影响关系模型，从服务场景、顾客契合的角度探究共创价值的影响因素，进一步丰富了共创价值的影响因素研究。

其次，本书分析性别差异在顾客契合与共创价值关系中的调节作用，创新性地将性别差异理论引入顾客契合与共创价值的关系研究中，从性别理论研究的角度进一步补充了现有的顾客契合和共创价值研究。也为市场营销的其他研究领域，将性别差异引入相关研究，提供了有益的研究启示。

最后，本书研究互动质量对共创价值的影响作用，以及互动质量在互动和共创价值关系中的调节效应，进一步拓展了互动和共创价值的相关研究。研究创新性地提出互动质量对共创价值的直接影响，能帮助在线品牌社区平台不仅重视平台与顾客、顾客与顾客之间的互动，还重视互动的质量和效率，从而更有效地提升在线品牌社区中的共创价值。

第二章 文献综述

第一节 服务主导逻辑理论

关于价值的讨论可以追溯到18世纪亚当·斯密对交换价值和使用价值的提出。亚当·斯密认为劳动是衡量一切商品交换价值的度量,强调劳动价值,并且提出了劳动价值论。在新古典经济学中,人们转向了效用价值理论和均衡价值论,重视经济交换中所产生的交换价值,对使用价值并未予以关注。在传统的政治经济学中对非生产性劳动(服务)缺少关注,并不承认服务所产生的价值。在20世纪50年代以前,公司的主要关注点是创造即时现金流的交易关系。此外,在经典观点中,客户被视为公司创造价值的被动接受者(Deshpande,1983)。就是在这样的背景下,商品主导逻辑成了当时的主流思想。

商品主导逻辑认为市场交换的目的是创造和传递物质(Vargo et al.,2008)。商品主导逻辑植根于新古典经济学,与工业革命相适应,是通过生产劳动向顾客提供产品、技术等对象性资源,满足顾客需求并创造顾客价值的逻辑,其核心内容是经济交换和交换价值。商品主导逻辑中企业通过生产商品,把价值嵌入产品之中,商品作为价值的载体。在这个过程中,生产和消费都是独立的过程,企业创造了价值,而顾客被动地接受企业所创造的价值,消费者和企业只在市场交换中进行交互。

20世纪50年代,随着买方行为学派的出现,范式发生了根本性的转变(Sheth et al.,1988)。市场营销将其重点从以产品为中心转移到以客户为中心,并从总体市场转移到单个客户,将其作为一个分析单元。然而,将客户视为价值接受者的观点直到最近才改变。近年来，关系营销的视角已经从营销视角转向营销手段（Vivek，2009）。

随着社会的发展，社会生产力和生产方式发生了变化，服务越来越受到企业的关注。服务主导逻辑声称价值总是与消费者的协作共同创造，而在传统的以商品为主导的逻辑中，消费者被提供了企业所创造的价值（Lusch，2007）。在服务劳动范式下，知识、技能与信息取代商品和货币成为主要的操作性资源，企业只有帮助顾客获取与创造使用价值，才能获得更高的交换价值。经济重心从交换价值转向使用价值，企业主要提供使用价值主张与资源平台，顾客由被动接受方转变为主动抉择方，将企业及其提供的产品与服务作为资源融入消费过程，与企业共同创造使用价值。服务主导逻辑则将商品与服务统一，认为所有经济都是服务经济，所有的交换都是基于服务的，产品只是传递和使用资源的工具，服务的交换过程是互动的过程（Vargo，Lusch，2004）。他们把资源分为以产品、技术为主的对象性资源和以知识、技能、关系为主的操作性资源。顾客作为共同生产者与企业进行共同生产，顾客是价值的共同创造者，而企业只是作为价值的主张者（Vargo，Lusch，2006）。随着服务主导逻辑理论的发展和完善，其认为一切社会和经济参与者都是资源整合者，价值是由多个参与者共同创造的（Vargo，Lusch，2008）。根据市场营销的 SD 逻辑，企业并不是在销售商品和服务，而是将价值主张作为服务提供给客户（Gummesson，2007）。客户是价值的共同创造者，客户创造的价值只能在使用过程中实现，而不能在产品的生产阶段实现。它关注的是服务系统之间价值的演化、交互和互惠的共同创造（Maglio et al.，2009；Spohrer et al.，2008）。服务逻辑是从早期服务主导逻辑发展出来的新逻辑，强调服务是顾客日常实践中促进价值创造的互动过程，供应商进入顾客实践实现互动（Grönroos，2008）。它将服务逻辑区分为顾客服务逻辑和供应商服务逻辑，且供应商服务逻辑以顾客服务逻辑为主导。根据供应商在价值创造中的不同角色，存在价值促进和价值实现两种模型。在价值促进模型下，顾客是价值创造者，供应商是价值协助者；在价值实现模型下，顾客是价值创造者，供应商有价值促进者和价值合作者两种角色，供应商积极参与顾客价值创造过程，通过直接互动可成为价值创造者。Grönroos 在使用价值研究中提出，价值创造应分为三个阶段：价值激发、价值共创和价值独创（Grönroos，2009）。第一阶段是负责生产过程的供应商通过生产服务为顾客使用，顾客将服务转化为价值。第二阶段是供应商与顾客通过互动进行交换从而共同进行价值创造。第三个阶段则是以顾客为主导的顾客价值独创，此时顾客单独创造价值，供应商仅是整个过程的价值激发者。

服务主导逻辑经过多年的发展已经变成了如今的服务生态系统，从最初的二元关系发展为如今利益相关者共创价值的多元网状关系（见表2-1）。服务系统是由技术、人和主张价值所构成的连接内外部系统和共享信息的结构（Maglio，Spohrer，2008）。服务系统具备边界可渗透性和动态网络特征，包括私有市场和公共资源，个体、团体、家庭和政府都是服务系统的成员，服务系统通过相互的服务交换关系进行交互，并通过服务系统成员之间的资源整合实现价值共创（Vargo，Maglio，Akaka，2008）。服务生态系统观的核心是价值的协同创造、动态资源的整合，以及受多个参与者之间互动影响的机构（Vargo，Lusch，2011）。根据Lusch和Vargo的研究，服务生态系统是相对独立的、自我调节的系统，由资源整合参与者通过共享的制度逻辑和通过服务交换的相互价值创造连接起来。在服务生态系统视图中，技术被认为是一种动态资源，或潜在有用的知识（Mokyr，2004）；市场被概念化为制度化的解决方案（Vargo，Lusch，2013）；创新是合作的重新编码或组合进化的实践，为新的或现有的问题提供新的解决方案。服务主导逻辑强调通过资源整合、顾客体验和互动从而实现价值的共同创造，而服务生态系统则是对服务的资源整合，是一个新的方向，对后续研究具有重要意义。

表2-1 服务主导逻辑命题的发展

命题	2004年	2006年	2008年	2016年
1	专业技能和知识运用是交换的基本单位	专业技能和知识运用是交换的基本单位	服务是交换的根本基础	服务是交换的根本基础
2	间接交换掩盖了交换的根本单位	间接交换掩盖了根本的交换单位	间接交换掩盖了交换的根本基础	间接交换掩盖了交换的根本基础
3	产品是服务提供分销的机制	产品是服务提供分销的机制	产品是服务提供分销的机制	产品是服务提供分销的机制
4	知识是竞争优势的根本来源	知识是竞争优势的根本来源	操作性资源是竞争优势的根本来源	操作性资源是战略利益的根本来源

续表

命题	2004 年	2006 年	2008 年	2016 年
5	一切经济都是服务经济	一切经济都是服务经济	一切经济都是服务经济	一切经济都是服务经济
6	顾客通常是共同生产者	顾客通常是价值的共同创造者	顾客通常是价值的共同创造者	价值由多个参与者共同创造，总是包括受益人
7	企业只能提供价值主张	企业只能提供价值主张	企业不能传递价值，只能提供价值主张	参与者不能传递价值，能参与创造和提供价值主张
8	服务中心观点是顾客导向和关系	服务中心观点是顾客导向和关系	服务中心观点必然是顾客导向和关系	服务中心观点必然是受益人导向和关系性
9		企业存在是为将其他成员的专业能力整合、转化为市场需要的复杂服务	一切社会和经济参与者都是资源整合者	一切社会和经济参与者都是资源整合者
10			价值总是由受益人独特的用现象学的方法所决定	价值总是由受益人独特的用现象学的方法所决定
11				价值共同创造通过参与者创造的制度和制度安排来协调

第二节　在线品牌社区

一、在线品牌社区的定义

全球市场的竞争正促使企业寻找创新的商业途径。互联网的快速发展使实体商业场所向虚拟商业场所转变。由于大众传播媒介和新的电信技术的巨大发展，社区获得了可以超越地理界限的特征。沟通变得更加容易，社区成员之间能够建立集体的情感关系。品牌社区就是一个以亲和力和情感为纽带联结消费者的分散的社会关系网络（Munz, O'Guinn, 2001）。品牌社区是一种以共享文化为标志的社会集体，通过成员的消费意义、仪式和实践，共同制定、协商和共同创造品牌认同（Kozinets, 2001）。

在线品牌社区就是传统品牌社区和 Web 2.0 技术结合的产物。在线品牌社区是一个发生在虚拟环境中的品牌社区，成员之间的互动主要是通过互联网进行的。因此，首先，在线品牌社区是一个品牌社区，它被定义为一个专业的、非地理界限的社区，其基础是一个品牌崇拜者之间的一组结构化的社会关系（Muniz, O'Guinn, 2001）。品牌社区的社会认同是由品牌社区始终存在的三个关键共性构成：善意、共同的仪式和传统以及道德责任（Muniz, O'Guinn, 2001）。善意是最重要的标志。善意即成员感觉与品牌有着牢固的联系，使顾客感觉彼此之间的联系更加紧密，成员会有一种共同的归属感。道德责任是一种道德责任感，它使社区成员感受到对其他社区成员和整个社区的承诺（Capece, Costa, 2013; Casaló et al., 2008）。共同的仪式和传统即通过这个社会过程，品牌社区成员在社区内外维持、加强和传播品牌文化、价值体系、规范、行为、特定的语言、符号、神话、历史和社区本身的意识（Casaló, Flavián, Guinalíu, 2008; Muniz, O'Guinn, 2001）。O'Guinn（2001）指出：道德责任体现在社区成员保留老成员、整合新成员的态度上，并支持他们享受有意义的品牌消费体验。在线品牌社区的基本特性在于其成员之间的交互能力。一般来说，参与线上品牌社区的消费者会分享他们对特定品牌的兴趣，交换信息和知识，或者仅仅是表达他们的热情，而这些互动会影响消费者与该品牌的关系。其次，在线品牌社区诞生于一个虚拟的环境之中，它以计算机为依托，社区成员通过论坛等进行大量的信息交互、情感交流以及资源共享。Web 2.0 的本质是连接和参与（Wu Sou-Chin, Fang WenChang, 2010）。因此 Web 2.0 技术，如微博、论坛、社交媒体等，在消费者之间建立了多重虚拟连接，使线上品牌社区的社交方面加强，加强了与消费者的关系，从而使其更容易分享他们对于品牌的消费兴趣（Fournier, Avery, 2011）。

早期的研究强调有必要研究品牌社区特征及其对客户参与的影响（Brodie et al., 2013; De Valck et al., 2009），因为这些特征反映了客户对品牌社区的整体印象。一些研究已经阐明了在线品牌社区的特征及其对满意、承诺和品牌意识的影响（Barreda et al., 2015; Jang et al., 2008）。

在线品牌社区的特征可以划分为信息质量、系统质量、虚拟交互性和回报。信息交换的时效性、相关性、频率和持续时间四个维度代表了沟通质量水平（Adjei et al.，2010）。在网络环境中，信息质量被定义为顾客对网站上呈现的信息质量的感知，反映了顾客对所传播的信息的期望和感知之间的比较（Liu et al.，2017）。系统质量是指在社区中快速方便地搜索信息，是衡量系统技术可靠、无错误、易于学习、顾客友好、文档完整、灵活等程度的指标（Gorla et al.，2010）。系统质量反映了顾客对系统的易用性、导航、顾客友好性和安全性的感知（Barreda et al.，2015）。虚拟交互性指社区成员和他们之间的参与和互动水平，即社区的社会参与程度（Casaló，Flavian，Guinaliu，2010）。客户互动和参与在线平台是为了获得一定的回报（Doorn et al.，2010）。回报是用满意度表达的，可能包括金钱利益、功能利益（信息和支持）、社会利益（同伴认可、利他主义、亲属关系和声誉建立等）和心理利益（会员和娱乐）（Fuller，2010；Barreda et al.，2015）。

二、在线品牌社区的实证研究

目前关于在线品牌社区的实证研究主要基于品牌社区的互动性来讨论品牌承诺、品牌忠诚、顾客体验、顾客认同等因素的影响。从品牌忠诚和顾客的行为上来看，Kuo 等（Ying-Feng Kuo, Lien-Hui Feng, 2013）研究了品牌社区的互动性如何影响社区成员的感知利益、感知利益是否导致社区成员形成社区承诺，以及社区承诺与对立品牌忠诚之间的关系。他们认为品牌社区的互动特性使成员感知到许多利益，其中品牌社区参与是最显著的。享乐主义、社会和学习利益是形成社区承诺的主要因素。当成员有社区承诺时，他们会对其他竞争品牌形成对立的品牌忠诚。Zhou 等（Zhimin Zhou et al.，2013）研究浏览帖子如何影响访问者加入在线品牌社区的意愿。研究发现，浏览帖子会带来信息价值和社会感知价值，进而增加访问者参与社区的意愿。Jung 等（Na Young Jung et al.，2014）研究了使用在线品牌社群的感知利益、态度、重游意愿与品牌信任之间的关系。他们认为通过提高品牌社区网站的社交和信息质量，企业可以显著提高其客户对这些网站的体验，从而显著提高他们对在线社区的积极态度。杨仁洁等（杨仁洁，程克群，2018）以在线品牌社区顾客参与为视角，将其分为搜索式参与行为和互动式参与行为两个维度，探讨社交媒体品牌社区中顾客参与行为如何促进顾客契合，进而刺激顾客产生品牌承诺。研究发现顾客与社区之间良好的契合将增强顾客的品牌承诺。Ibrahim 等（Noor Farizah Ibrahim et al.，2017）调查了在线零售商与在线品牌社区的接触对顾客对品牌形象和服务的感知的影响，分析表明参与对在线零售商的品牌形象、感知和客户服务相关的情感有影响，零售商与社交媒体顾客互动的程度、时长、类型和态度对他们的情绪有显著影响。

从顾客体验和情感上来看，刘容等（刘容，于洪彦，2017）对在线品牌社区顾客间互动对顾客愉悦体验的影响做了研究，表明在线品牌社区顾客间互动对愉悦体验具有显著的正向影响。在线品牌社区顾客间互动有助于顾客在社区互动过程中获得控制感和融入感，满足顾客的能力需要、自主需要和关系需要，让顾客获得正向的情感体验。参与在线品牌社区互动的顾客所获得的愉悦体验受到顾客间互动的主题匹配的影响。杨晶等（杨晶，李先国，陈宁颉，2017）对在线品牌社区中顾客参与对顾客购买意愿的影响机制进行了研究，顾客参与对提升成员的社区认同感是非常显著的，不仅可以影响顾客的认知性社区认同，也可以影响顾客的情感性社区认同。另外，不同的参与动机类型对顾客参与作用效果的影响是不同的。Zhu 等（Dong Hong Zhu et al.，2016）研究社会支持如何通过在线品牌社区中企业的顾客满意度来影响顾客的公民行为，发现在网络品牌社区中，信息支持和情感支持显著影响顾客的公民行为，即通过顾客满意度向企业提供反馈、再次表扬和帮助其他顾客。此外，来自企业和其他客户的信息支持和情感支持对客户满意度有不同的影响。还有些学者是从其他角度来论证的，朱翊敏等（朱翊敏，于洪彦，2017）从产品类型的角度对在线品牌社群顾客融入意愿进行了研究，发现对于享乐型产品，相比功能收益，社会收益对在线品牌社群中顾客融入意愿的影响更大。

综上所述，在线品牌社区的互动性有助于提高社区成员的感知利益，有助于提升品牌信任，增强品牌承诺，提高品牌忠诚。在线品牌社区是消费者和消费者、消费者与服务人员互动的平台，是一种虚拟的社会关系集合。依托于在线品牌社区的研究方向有很多，如品牌的建设、消费者行为等。除了在线品牌社区的互动性外，信息质量、系统质量以及回报等在线品牌社区的特征也值得进一步进行实证研究。

第三节 共创价值

一、共创价值的定义

价值理论（TOV）是顾客共创价值作为价值建构的基础和概念。价值理论也被称为价值论，是一种哲学和道德理论，关注的主要问题是什么是价值。Bradley（Bradley，2006）认为按照价值理论，价值分为工具价值和内在价值。服务只有在带来更大价值的程度上才是好的，这就是工具价值，而内在价值本身就是好的（非工具性的）。顾客共创价值支持内在价值和工具价值的共同创造，并将其与幸福感联系起来。Normannetal（Normannetal，1993）在1993年提出共创价值的思想，认为供应商和顾客之间的互动是价值创造的基本构成。1999年他又提出价值共同生产，认为实施业务合作的双方将共同参与价值创造和再创造。服务或产品的价值并不是由制造商或供应者单独创造的，而是由制造者或供应商与该产品或服务的消费者共同创造的。价值共创是企业与顾客通过有目的的互动形成个性化体验的过程（Prahalad，Ramaswamy，2004）。所有参与交换的各个服务系统共同创造价值，通过共同创造价值增强系统能力，促进产品的创新和进化；顾客通常是价值的共同创造者（Vargo，Lusch，2008）。一般来说，价值共同创造是指消费者与企业直接互动，以创造使用价值为目标的活动（Grönroos，2011）。价值共创不仅仅局限于将价值链末端的顾客力量引入，事实上，在整条价值链上的所有利益相关者，从股东到原材料供应商等，都可以被整合（Ramaswamy，2011）。根据服务主导的逻辑，价值共同创造提供了企业和消费者之间的合作机会，从而使双方（a）从活动中受益；（b）自愿参加活动；并且（c）承认他们自己和另一方作为客户实践和流程贡献者的角色（Gummerus，2013；Payne et al.，2008；Prahalad，Ramaswamy，2004）。最后是消费者单独创造价值。根据"顾客主导逻辑"，日常生活中的使用价值创造由消费者主导和控制，消费者体验成为消费者主导的价值创造过程的核心内容（Heinonen，2010）。公司不能简单地将客户视为最终消费者，而必须通过使顾客在生产过程中成为创造性的合作者，积极地寻求参与的、互利的关系。这些想法将焦点直接放在公司与消费者的界面上，并表明公司与消费者之间以及消费者自身之间的个性化互动已经成为价值创造的核心。公司对生产和客户价值构成要素的愿景不再享有特权。价值现在是由客户共同创造的，客户表达他们的需求，分享他们的知识，甚至积极参与制造。公司提供的资源使客户能够参与其中。基于服务主导逻辑和价值理论，共创价值是以主体为中心的，具有结果性、工具性、经验性、情境性和意义承载性（Schroeder，2016；Vargo，Lusch，2008）。考虑到共创价值的协作和互惠的性质，消费者作为参与者、行动者与行动者之间的互动，行动者作为受益人和资源整合者的角色，以及共创价值的工具性和以行动者为中心的本质，因此，Busser 等（James A. Busser，Lenna V. Shulga，2018）将共创价值定义为参与者对服务的意义的评估，通过评估贡献了什么以及通过协作实现了什么。刘海鑫等（刘海鑫，刘人境，王廷璇，2015）把消费者共创价值广义地定义为消费者或终端顾客通过合作互动交流所产生的价值。其强调消费者知识和体验对企业创新和管理的重要作用，认为共创价值除了来自共同创造而产生的知识，还包括共同的营销价值（分享体验），共同服务价值（帮助），互动产生的增值价值以及共同设计价值（如反馈）。消费者共创价值来源于知识贡献和顾客与企业之间的互动。除此之外，企业作为互动的一方也影响着共创价值。Chen 等（Ching-Fu Chen，Jing-Ping Wang，2016）考虑了驱动顾客参与服务合作生产的外在价值（经济和关系）和内在价值（享受）。经济价值属于核心服务的效益和成本结果，如提供更好的质量、定制化的服务、将更多的控制权让渡给客户，而关系价值则与客户与服务提供者之间的情感或关系纽带所产生的价值相关（Yim et al.，2012）。相反，内在价值是指在消费体验中产生的内在奖励或心理利益，如乐趣、愉悦和享受（Dabholkar，Bagozzi，2002；艾加，2008）。

二、共创价值的维度

服务研究表明，服务客户对参与自助服务或合作生产服务任务的动机需要外在的和内在的奖励（Dabholkar，Bagozzi，2002；Etgar，2008；Yim et al.，2012）。因此，共同创造的价值可以作为客户参与和服务结果之间的关键中介，如客户满意度和忠诚度。Holbrook（1999）提出了一种基于三个维度的价值类型学：自我导向与他人导向、主动与被动、外在与内在。万文海等（万文海，王新新，2013）认为根据发生的领域、价值类型、生产者和消费者的作用对比以及研究方法等，共创价值可以分为两种研究范式：生产领域的共创价值和消费领域的共创价值。Bharti 等（Bharti et al.，2015）认为共创价值的要素包括五大类，即体验环境要素、资源要素、共同生产要素、感知收益要素、理架构要素，且每一类中又包含各自的具体要素。Hsieh（Hsieh，2015）通过对在线品牌社区的参与者进行调研，将共创价值划分为体验、人际互动和社会关系三个维度。Neghina 等（Neghina，Caniëls，2015）认为在服务交互中，共创价值是服务员工和顾客之间的联合服务活动，该活动由六个维度构成，对应六个联合行动（个性化、关系、授权、伦理、共同发展和联合行动）。Ranjan 等（Ranjan，Read，2016）认为共创价值由价值共同生产和使用价值两个关键的维度构成，涂剑波等（涂剑波等，2015）将虚拟社区的共创价值划分为实用价值、享乐价值和顾客资产三个维度。实用价值体现的是顾客在虚拟社区中期望获取的信息以及较高的信息质量，享乐价值是顾客在虚拟社区中期望获取的愉悦和精神享受，而顾客资产表现为顾客对于虚拟社区平台的熟悉、依恋以及以顾客为中心等重要方面。Busser 等（James A. Busser，Lenna V. Shulga，2018）从服务主导的逻辑和价值理论出发，对服务业尤其是旅游业进行研究，并将共创价值划分为幸福感、竞争优势、承诺和信任四个维度。

三、共创价值的实证研究

1. 生产领域的共创价值研究

Grönroos（Grönroos，2009）认为供应商应该视自己为服务提供者，顾客与供应商互动共同创造价值。Hover（Hover，2010）构建了基于新产品开发环境下顾客参与共创程度的概念框架，分别从顾客与企业两个方面分析了其影响因素、障碍和共创的结果。Lambert 等（Lambert，Enz，2012）认为价值共创发生在顾客和供应商之间进行交互时，它包括联合创造价值主张、价值实现和价值决定三个阶段。严建援等（严建援，何群英，2017）基于 B2B 情景构建了专用性投资、顾客价值共创与顾客价值间的关系模型。研究发现，顾客价值共创的三个维度（信息共享、责任行为、人际互动）在专用性投资与顾客价值之间发挥部分多重中介作用。

2. 消费领域的共创价值研究

消费者领域的共创价值包括服务主导逻辑和顾客主导逻辑。消费者不再是企业价值主张的被动接受者，而是在服务环境中与企业互动，共同创造价值，甚至达到顾客价值独创。Prahalad 等（Prahalad，Ramaswamy，2004）认为与消费者接触比较多的企业员工（上门服务人员、推销员及维修员等）既可以提供满足消费者需要的产品，为顾客提供良好服务，又可以通过他们与消费者之间真诚的互动为消费者带来良好的体验。Lanier 等（Lanier，Hampton，2008）对消费者与组织以及其他消费者的互动所带来的消费体验进行了分析，认为消费者能够与节目组织者或其他消费者在复活节生命周期的每个阶段互动从而共同创造梦幻般的体验，这才是真正意义上的共同创造。Francisco 等（Francisco José Cossío Silva et al.，2016）从态度与行为两方面探讨价值共创及其对组织忠诚的影响，研究结果表明，价值共创对态度忠诚和行为忠诚都有显著影响。Chan 等（Chan et al.，2010）调查了客户参与如何影响客户感知价值，以及感知价值如何影响客户满意度和忠诚度。Chen 等（Ching‑Fu Chen，Jing‑Ping Wang，2016）研究顾客参与如何使顾客共同创造参与的内在价值和外在价值，进而影响他们在航空服务情境中的满意度和行为结果，特别指定了三个感知价值（即享受价值、经济价值和关系价值）来代表顾客共同创造的价值。结果证明，顾客使用网上登记系统的参与程度与这三项价值呈正相关，这进一步导致顾客对该系统的满意。系统满意度也与对公司的满意度相关，系统满意度和公司满意度对顾客忠诚度均有正向影响。感知价值代表了客户对与供应商之间关系交流的本质的认知，而满意度反映了客户从感知价值中获得的整体感觉（Woodruff，1997）。大量事实表明感知价值对客户对服务供应商的满意度有正面影响（Chen，2008；Chen，Chen，2010）。

3. 虚拟社区的共创价值研究

Bruhn 等（Bruhn et al.，2014）通过对 B2B 虚拟品牌社区顾客之间的互动质量进行研究，发现品牌信任正向影响品牌社区信任，品牌社区信任会增强顾客之间互动的质量，顾客之间的互动质量正向影响顾客的功能利益、体验利益和符号利益，这三种利益又会进一步促进顾客忠诚。卜庆娟等（卜庆娟等，2014）对虚拟品牌社区情境下顾客参与价值共创与品牌资产的关系进行了实证研究，并验证了品牌资产在二者之间的中介作用。研究结果表明：顾客参与两种类型的价值共创对品牌资产都具有直接显著影响，品牌体验在顾客参与发起的价值共创和品牌资产关系中具有部分中介作用，在顾客参与自发的价值共创与品牌资产关系中具有完全中介作用。卜庆娟等（卜庆娟等，2016）把虚拟品牌社区顾客价值共创互动行为分为求助、人际互动、反馈与倡导四个维度。彭晓东等（彭晓东，申光龙，2016）研究发现成员感、影响力和沉浸感显著正向影响自发的价值共创，成员感则对发起的价值共创有积极影响。除此之外，在营销战略管理领域，于洪彦等（于洪彦，王远怀，朱翊敏，2015）对共创价值的互动导向与其前因变量和结果变量之间的关系进行了探索，研究结果表明：领导关注、领导参与、员工激励和制度压力对互动导向具有正向影响，互动导向对基于顾客的关系绩效与盈利绩效具有正向影响。

综上所述，共创价值的实证研究多基于服务主导逻辑。共创价值来源于企业和消费者之间的互动，应用于生产领域和消费领域。本书从消费者价值共创的行为和心理入手对顾客体验、品牌认同等因素进行了研究分析。

第四节　互动质量

一、互动质量的定义

从广义上看，Lehtinen（1991）将交互质量定义为客户与服务提供者的交互元素（如交互人员、交互过程和交互设备）之间的交互作用。Grönroos（1982）从服务互动的主要参与者——顾客的视角入手，提出了"顾客感知服务质量"的概念并对其内涵进行了科学的界定。Parauraman 等（1988）探讨了服务质量与顾客满意之间的关系，开辟了研究服务质量与其他要素间关联性的新视角。基于该思路，学者们分析了服务质量对顾客价值、顾客满意、顾客忠诚、企业竞争力和服务品牌资产的影响，提出了许多极具价值的理论观点和动态模型。Grönroos（1984）将服务质量分为技术质量和功能质量，这种早期的分类方式将员工与顾客间的互动质量视为服务质量的构成维度，揭示了服务与产品的本质区别在于员工是否参与顾客的消费过程。Brady（2001）总括性地将服务质量分为交互质量、环境质量和结果质量，强调了员工与顾客互动质量的重要性。互动质量是指顾客在服务接触过程中对服务交付方式的感知（Lemke，2011）。互动质量还取决于客户在服务提供过程中与服务提供者交互的卓越性的感知（Choi，2013）。

二、互动质量的维度

Sheth（1976）从两个维度定义了互动质量、沟通的风格和内容。他认为买卖双方在互动过程中所采用的形式、仪式或仪态的风格决定了互动过程的连续性，并塑造了买卖双方互动的结果。Schneider（1980）对客户对服务提供者绩效的感知进行了实证研究。他发现客户对服务提供商绩效的评价是基于三个维度——礼貌、能力和态度。北欧的服务质量模型也强调了相互作用在整体服务质量中的重要性。服务质量是由两个层面组成：功能（过程/交互）和技术（结果）维度（Grönroos，1982；1984）。功能维度是指客户对服务交付过程中发生的交互的感知，而技术维度是指客户在服务过程中所获得的结果。功能质量关注于如何提供服务，并考虑诸如客户联系人员的行为和服务速度等问题。Parasuraman 等（Parasuraman et al.，1985）在北美学派的五间隙模型和随后的 SERVQUAL 量表中，将顾客评价服务的主要作用归于交互方面。可靠性、反应能力、同理心和安全感，这四个维度和有形物品的第五个维度形成了服务质量的 SERVQUAL 概念和工具。仔细查看用于度量质量维度的 SERVQUAL 项目，会发现许多与人类交互有关（Bitner et al.，1990）。Surprenant 和 Solomon（1987）确定了客户在评估互动质量时分配给其服务提供者的三个主要维度：能力、乐于助人、善于交际。称职的员工被描述为能干、高效、有组织、全面和负责任，而乐于助人则是指服务员工表现出的真诚、关心和体贴的行为。最后，社交能力被定义为员工的非正式交流、健谈的能力和友好。互动质量是一个三维的概念，包括员工—顾客互动质量、企业—顾客互动质量和企业—员工互动质量。其中，员工—顾客互动质量和企业—顾客互动质量属于外部互动质量，企业—员工互动质量属于内部互动质量。Price 等（1995）从服务提供者的角度确定了服务提供者性能的五个关键维度：相互理解、真实、额外的关注、能力、符合最低标准。有趣的是，Price 等（1995）认为服务遭遇的两个因素可能影响这些性能维度的相对水平和重要性。这些是相遇的持续时间和相遇期间服务提供者和客户端的空间接近度。Price（1995）等学者提出员工—顾客互动包括互动持续的时间、互动投入的情感和互动的空间距离，这三个维度对后续的研究提供了研究方向，但是这三个维度本身并不能直接测量。Goodwin 和 Gremler（1996）确定了交互的两个主要维度：功能性（技术服务的交付风格）和公共行为（其他社会行为）。然而，他们认为前者是核心服务所必需的，而后者对服务交付不是必需的。Chandon 等（1997）通过进行二元面对面调查，确定了一组维度来衡量顾客和员工感知到的相遇的互动性，即感知能力、倾听行为、奉献和效率。他们发现，与服务的有效性相比，感知能力、倾听和奉献精神更有助于评估遭遇。他们还确定这三个维度是客户在评估遭遇质量时使用的主要标准。Winsted（1997）在做跨文化研究时提出了服务接触中员工—顾客互动的八个维度：真诚、关怀、感知可控、礼貌、礼节、友善、个性化和及时。这八个构念在内涵上有很明显的相互重叠，区分度不够，而且 Winsted 在研究中也并没有进行测量。Winsted（2000）研究了影响顾客对服务接触（医疗中心和餐馆）评价的服务提供者行为。基于这些发现，他开发了一个三维量表来评估服务接触，包括关注、礼貌和亲和力。第一个维度（关注）结合了共情、保证和响应的元素，以及真实性的概念。它还捕获了 Chandon 等（1997）确定的四个服务遭遇维度中的三个：感知能力、倾听和奉献。第二个维度（礼貌）关注的不是负面行为，它表明为了提供足够的"服务"（Parasuraman et al.，1991）和防止客户不满，服务提供者必须避免各种行为。第三个维度（亲和力）由服务人员的积极态度、阳光的气质、热情的个性等因素构成（Winsted，2000）。Brady 和 Cronin（2001）提出了一个服务质量模型，将两个学派的思想整合到一个多维层次模型中。新的层次模型主要包括三个维度：交互质量、结果质量和物理环境质量。他正式提出了互动质量的概念，认为有三个因素构成了顾客感知互动质量，分别是服务人员的态度、行为和技能，然而该研究对于互动质量的测量过于简单，均是单维度测量。Raajpoot（2004）运用巴基斯坦样本，提出了员工—顾客互动质量包括有形性、可靠性、保证性、真诚、个性化和礼节。

三、互动质量的实证研究

Brady（Brady，2001）认为一线服务人员与顾客之间的交互质量是顾客感知服务质量的最重要决定因素。在顾客忠诚度方面，Gaur（Gaur，2011）发现顾客对与服务提供者面对面互动的卓越性的感知（即互动质量）是决定顾客忠诚度的最重要因素之一。此外，Lloyd 和 Luk（2011）对文献进行了回顾，发现服务互动能够带来客户满意度和积极口碑。Jamel 和 Naser（2002）发现服务质量的核心方面与客户满意度直接相关。同样，Hsieh 和 Hiang（2004）证明，服务结果的感知质量对三类服务（即照片冲洗店、银行和医院）的客户满意度有正向影响。这些服务的特征分别是搜索、体验和信任属性。之前的研究（Hsieh，Hiang，2004）指出，客户对服务结果质量的感知（这在形成服务提供的评估中至关重要）会导致客户满意度。Ranjan 等（2015）证实了服务交互质量对客户满意度和忠诚度有正向影响。Bruhn 等（2014）提出互动质量是互动的优越性整体评价，是对合作伙伴能否满足互动方对高品质的在线互动需求的能力评价。肖轶楠（肖轶楠，2017）以社会心理学理论为基础，从顾客感知亲密感和地位感两个维度探讨员工—顾客互动对顾客忠诚的影响机制。员工—顾客互动过程中的顾客感知员工真诚、服务的响应性、专业性和个性化均对亲密感有显著正向影响；顾客感知互动质量中仅员工真诚和服务的个性化对地位感有显著正向影响；顾客感知亲密感和地位感对顾客忠诚都具有正向影响，且相比地位感，亲密感对顾客忠诚的作用关系更强；顾客感知亲密感和地位感与顾客忠诚的关系，在不同自我建构和性别的消费者之间均存在差异。王凤玲等（王凤玲等，2017）深入剖析顾客不当行为背景下，不良顾客、同属顾客、员工之间多方人际互动对同属顾客体验和态度的影响及内部机制。涂剑波等（涂剑波等，2017）研究指出，顾客与平台的互动质量能够正向调节顾客与平台的互动和资源整合的关系。Beomjoon Choi（2016）提出并检验顾客与顾客互动质量关系的理论模型（朋友互动、邻居互动和顾客体验质量）。研究发现，朋友互动和观众感受对顾客体验质量有显著影响，而相邻的顾客互动对沟通质量影响显著。An Yan 和 Juanjuan Chen（2015）提出了基于交互质量的品牌资产驱动模型，表明互动质量对品牌资产有显著的正向影响，企业—顾客互动质量对品牌资产的各因素均有正向影响，员工—顾客互动质量对品牌形象和品牌体验有显著影响。

第五节 顾客契合

一、顾客契合的定义

顾客契合最初应用于心理学、社会学和组织行为学领域，随着关系营销导向取代产品营销导向，公司的发展重点是现有和潜在客户、消费者社区及其价值共创网络，因此顾客契合逐渐在营销领域受到关注。Higgins 和 Scholer（Higgins，Scholer，2009）将顾客契合定义为一种状态，即参与、占据、完全吸收或全神贯注于某事（即持续关注），产生特定吸引力或排斥力的结果。个人在接近或拒绝目标时越投入，其价值就会增加或减少得越多。根据 Vivek 等人的研究，客户契合是指个体参与组织产品和活动的强度，这些活动由客户或组织发起（Vivek et al.，2012）。顾客契合的概念基础是通过研究市场关系中的价值共同创造和互动体验的理论来解释的（Jaakkola，Alexander，2014）。对于什么是顾客契合，目前还未达成共识，一些研究者强调心理过程，另一些研究者则认为是一种行为。Brodie 等（2011）给出了顾客契合最一般的定义：顾客契合是一个互动过程，其特征是客户参与的强度不同，发生在客户与公司互动的不同阶段（Brodie et al.，2011）。Brodie 等（2011a）将顾客契合定义为一种心理状态，这种心理状态是通过与焦点服务关系中的焦点代理/对象（即品牌）的互动、共同创造体验而产生的。Bowden（2009）认为心理过程模型的潜在机制以及消费者忠诚的机制可能是维持消费者重复购买服务品牌的主要因素。顾客契合是指通过与特定对象互动，共同创造客户体验而产生的一种积极的心理状态；一种企业与顾客之间密切而又长期的关系，这种关系可以使企业与顾客或外部利益相关者建立更深层次、更有意义和更长久的互动交流（EIU，2007）。Hollebeek（2011）一般将顾客契合定义为个体顾客的动机性、品牌相关性和情境依赖性心理状态的表达水平，其特征是在品牌互动中一定程度地激活、识别和吸收。然而，Van Doorn 等（2010）提供了一种不同的方法，并将顾客契合解释为一种行为表现的总和，这种行为表现除了购买之外，由于动机因素的影响还关注品牌和企业。顾客契合指顾客对企业品牌和产品的投入，契合的特征包括顾客保留和忠诚、顾客与企业建立并增强商业关系的意愿，以及顾客积极推荐企业品牌和产品的意愿（NIST，2009）。顾客契合可以在线进行，也可以在线下进行。线下的顾客契合是参与的本质，但本质上不同于线上参与，因为线上参与提供了无法被线下媒体替代的沟通和社交方式。线下参与主要是单向沟通，如口碑、评论或推荐。与此相反，在线媒体不仅为客户提供了参与讨论的机会，还为客户提供了在在线论坛、博客、Facebook 或 Twitter 等社交媒体平台上进行讨论和互动的机会。因此，在线客户参与是通过网站或其他计算机中介实体来传达品牌价值的一种认知和情感上的承诺。Mollen 和 Wilson（2010）研究了在线顾客契合，在 S－O－R 模型的基础上，将线上顾客契合分为三个维度：持续认知加工、工具价值和体验价值。首先，网站的基础设施和机械刺激使顾客参与认知处理机制，从而导致持续的信息处理和与网站的共享参与。其次，通过在网站上的互动和参与，客户通过吸收信息和提高效用认识到参与活动中存在的工具价值。最后，整个互动和价值共同创造的过程刺激了顾客的心理和情感状态，提供了一种共同的体验价值，每个人的体验价值都是独一无二的。共创价值的顾客契合概念基于开放创新（Chesbrough，2003）、关系营销（Gordon，1998）和服务主导营销（Vargo，Lusch，2006）的理念。在开放创新的模式下，公司开放并商业化公司内外开发的思想，从而消除公司与其环境之间的界限（Chesbrough，2003）。将内部开发与外部想法相结合，公司寻求将他们的经验和技能与客户以及外部公司和社区相结合。根据服务主导的逻辑，价值应该与客户一起创造，而不是在公司内部，因此鼓励以客户为中心的公司让客户参与价值共同创造（Vargo，Lusch，2006）。因此，客户成为价值创造、生产和商品分销过程中的直接参与者（Gordon，1998）。

二、顾客契合的维度

Mollen 等（2010）认为，顾客契合过程是识别品牌企业与消费者自我构念的一致性过程，包含认知和情感两方面的心理过程。Vivek 等（Vivek S. D.，Beatty S. E.，Morgan R. M.，2012）认为，顾客契合可以表现为认知、情感、行为或社交。顾客契合的认知和情感因素包括顾客的体验和感受，而行为和社会因素则包括当前和潜在顾客的参与，包括交换情境内外的参与。Laurence

Dessart、Cleopatra Veloutsou 和 Anna Morgan – Thomas（2014）从网络品牌社区与品牌和其他网络品牌社区成员的互动两方面，勾勒出网络品牌社区中顾客契合的意义、概念边界和维度。他们认为，无论是与他人还是与品牌，个人都在社交网络平台上参与在线社区。研究还确定了三个关键的参与维度（认知、情感和行为）。Kuvykaite 等（Kuvykaite，Tarute，2015）进行了进一步的解释，认知是客户对一个特定品牌的关注和兴趣，情感是一个特定品牌引起的灵感或者骄傲情绪，行为是客户与一个特定的品牌交互所需的努力和能量。So 等（So et al.，2014）以顾客契合概念为基础，认为顾客契合包括五个维度：认同、热情、关注、吸收、互动和认同。Thakur 等（Rakhi Thakur，2014）开发和验证一种针对移动购物设备的顾客参与度测量模型，把顾客体验分为社会促进、自我联结、内在享受、时间填充、功利主义与金钱评价体验六个维度，并对顾客契合与品牌忠诚之间的关系进行了研究。简兆权等（简兆权，令狐克睿，2018）认为顾客契合包括顾客—企业、顾客—员工和顾客—其他利益相关者互动而形成的社会联系，顾客契合的测量指标包括意识关注、热情参与和社会联系三个维度，涉及顾客契合的心理、行为和社会因素。意识关注是个人对与契合品牌互动的渴望或兴趣程度；热情参与是个人对契合品牌互动的感情和热情反应；社会联系是与契合品牌相关的他人增强互动，并表现为对他人的共同或互惠行为。

三、顾客契合的实证研究

Bowden 认为客户契合导致客户忠诚，同时形成信任、承诺和客户满意度（Bowden，2009）。Brodie 等（2011）认为顾客契合存在于一个法理网络，即具有特定的前因（如参与或融洽关系）和结果（如承诺或忠诚），一些研究探索了客户参与交易之外行为的动机。一些作者认为，满意度、承诺和信任等传统营销概念与客户目标和资源一起发挥作用（Brodie et al.，2011；Van Doorn et al.，2010）。Vivek（2012）从顾客层面提出顾客契合因果关系模型，认为顾客参与对顾客契合有正向作用；在网络社交媒体环境下，夏洪胜等（2017）认为，顾客契合行为是一个有机刺激体，顾客契合有利于顾客产生品牌承诺；范志国等（2017）认为，顾客参与对顾客契合有正向促进作用，顾客契合有利于强化顾客的品牌社群承诺、品牌忠诚等。

高水平的顾客参与能够促使客户积极参与分享品牌行为，引起顾客较高的热情，使顾客更易对品牌产生认知、情感和行为方面的契合，加强顾客与品牌间的亲密感和信任，使顾客最终达成品牌承诺。Hollebeek（Linda D. Hollebeek，2013）建立了功利性和享乐性品牌的顾客契合/共创价值界面概念模型，提出了功利性和享乐性品牌的顾客契合/共创价值存在曲线关系，在某一重点品牌、类别、消费者和特定情境最优的情况下，不断增长的顾客契合为享乐型品牌带来的共创价值增幅大于功利型品牌。Aiste Dovaliene（2015）从理论上揭示顾客契合、顾客感知价值与满意度之间的关系，并以移动应用为例进行实证检验并发现了顾客契合、感知价值与满意度之间的关系。结果证实这三个构造之间关系的存在，确定客户契合的认知维度对感知价值没有影响，并且满意度影响顾客契合，但是结果不能证明存在反向影响。Greve（Goetz Greve，2014）通过从 Facebook 粉丝页面上收集数据，引入了一个测量客户参与的前因和后果的概念模型，经分析发现顾客契合对品牌形象和品牌忠诚关系有显著的调节作用。Christy M. K. Cheung 等（Christy M. K. Cheung et al.，2015）在网络游戏的背景下对顾客契合进行了研究，心理参与和行为参与对网络销售都有积极的影响，并确定了心理参与的维度和前因。他从三个不同的方面确定了顾客参与网络游戏的前因，分别是游戏满意度、游戏定制和社交互动，它们对心理投入都有显著的影响。Olga Oyner 和 Antonina Korelina（2016）在研究俄罗斯酒店业中旨在提高顾客满意度和忠诚度的共同创造价值活动及顾客参与的提升形式中发现：通过共同创造的客户契合，酒店行业的公司允许客户选择和管理重要的组件，从而为客户提供宝贵的客户体验。Jaakkola 等（Jaakkola，Alexander，2014；Kumar et al.，2010）认为通过提供适当的平台（例如公司托管的社交网站），公司可以发挥某种促进作用，让契合行为发生，并为客户提供适当的奖励。

综上，目前顾客契合最广泛的定义就是心理和行为，研究的问题也多围绕顾客的心理、情感体验、品牌忠诚等，而对于顾客契合如何影响共创价值的研究还比较缺乏，所以基于社区对共创价值的影响是未来研究的方向之一。

第六节 关系质量

一、关系质量的定义

关系质量被定义为关系的强度和紧密度（Palmatier et al., 2006）。关系质量指的是个体对他们的关系感到积极或消极的程度（Morry, Reich, Keito, 2010）。个体关系的评价由关系意识和关系注意焦点构成。它包括把注意力集中在一个人的关系上，或在一段关系中个体之间的互动模式、比较和对比上，把关系作为一个实体来关注。它还包括对特定关系的内部表征和有意识的反思（Acitelli, 2008）。从人际关系角度出发，Crosby 等（1990）认为，（销售人员与顾客之间的）关系质量就是顾客在过去满意的基础上，对销售人员未来行为的诚实与信任的依赖程度。深入探究其研究的推理过程，可以发现，Crosby 等已经将顾客与企业之间的关系做了情节（一次交易）与关系（多个连续情节）的区分。Liljander 和 Strandvik（1995）根据顾客感知的特点详细界定了情节与关系的含义，进一步提出了情节质量与关系质量的区分，将服务行业中的关系质量定义为顾客在关系中所感知到的服务与某些内在或外在质量标准进行比较后的认知评价。Martin（1996）认为顾客关系质量可能影响顾客对企业的整体评价；有的顾客愿意去适应他人，有重复购买和通过口碑传播影响他人的倾向。人际行为及他人的主观解释和评价可能是顾客与顾客之间关系的基础。Johnson（1999）将营销渠道成员之间的关系质量解释为成员关系的总体深度与气氛。Holmlund（2001）则在前人研究的基础上，提出了更具适应性的 B2B 状态下的关系质量定义。他指出："感知关系质量是指商业关系中合作双方的重要人士根据一定的标准对商业往来（效果）的综合评价和认知。"高关系质量包括主观体验，如情感、亲密和养育，而低关系质量的特征是冲突、刺激和对抗（Dush, Amato, 2005）。关系质量包括信任、安全感和满足感。它还包括理解、勇气和关怀（Clark, Mills, Powell, 1986）、情绪表达（Clark, Fitness, Brissette, 2001）以及原谅（McCullough, 2000）。可见，关系质量包括一系列积极的感觉和情绪，可能因此对关系产生重大影响。

二、关系质量的维度

Dwyer 和 Oh Sejo（1987）被认为是最早对关系质量构成开展研究的学者之一，他们以汽车业为例，研究渠道成员间的关系结构对关系质量的影响，认为关系质量是由满意度、信任和最小化投机三个维度构成。Crosby 等（1990）开创性地研究了寿险购买者和他们的金融代理人之间的关系质量在影响未来互动中的作用，将关系质量定义为包括满意度和信任两个关键结构。满意度不仅被定义为一种认知评价，还被定义为一种消费者的情感状态，这种情感状态是随着时间的推移，消费者对于企业关系的各个方面进行全面评估而产生的（Crosby et al.，1990；DeWulf et al.，2001；Arcand et al.，2017）。顾客需求的累积满意度标志着交换关系的健康（Roberts et al.，2003）。信任是指客户对企业的诚信和可靠性的信任程度（Moorman et al.，1992；Morgan，Hunt，1994），与诚实、专业知识和仁慈有关，这意味着相信对方的有利和积极意图（Doney et al.，2007）。Henning-Thurau 和 Klee（1997）在 Crosby 等人所采用的研究方法上进行改良，引入了关键中介变量理论，认为关系质量包括三个维度，即与性能相关的顾客质量感知、顾客对供应商达到必需性能的能力与意愿的信任、顾客对关系承担的承诺。Hewett，Money 和 Sharma（2002）也将关系质量界定为一个二元结构，认为两个关键维度是信任和承诺。当一个交换伙伴认为与另一个伙伴保持持续的关系是如此重要以至于需要付出最大的努力来维持这种关系时，承诺就产生了（Morgan，Hunt，1994）。如果客户与公司没有良好的关系，他们就不太可能努力工作或从事有利于公司的活动。Pansari 和 Kumar（2017）认为：当建立在信任和承诺基础上的关系令人满意并具有情感纽带时，客户就会与公司建立联系。与之相似，Walter 等（2003）也将信任和承诺作为了关系质量的两个关键维度，但除此之外，又增加了一个满意度，认为关系质量可以通过这三个维度进行衡量。关系质量被概念化为由三个构型组成的多维度（Garbarino，Johnson，1999；Palmatier et al.，2006）：信任，愿意依赖一个对自己有信心的交换伙伴（Moorman et al.，1993）；满意度，顾客对服务/产品供应商的整体情感评价（Gustafsson et al.，2005）；承诺，维持关系的愿望（Moorman et al.，1993；Morgan，Hunt，1994）。Dwyer 和 Oh Sejo（1987）同样以三元结构来解释和衡量关系质量，分别是信任、承诺和分离；

Kumar、Scheer 和 Steenkamp（1995）在此基础上又增加了一维度冲突，同时将分离进一步细化为两个方面：愿意投入和希望继续。Jap 等学者（2000）又对该模型进行了修改，认为可以通过信任、冲突、分离和期望继续对关系质量进行界定和测量，而 Bruggen、Kacker 和 Nieuw laat（2005）在维度构建中又去除了分离，认为关系质量是由满意、承诺、信任和冲突四个维度构成。Lages 等（2005）则认为关系质量应该包括信息共享、沟通质量、长期导向、满意度四个维度。总的来看，学者们的主流观点是将关系质量界定视为具有高阶结构和多维度特征。

三、关系质量的实证研究

关系营销研究往往侧重于在客户和服务提供商之间形成实际的伙伴关系。例如，建立的关系质量越高，与客户的互动就越积极，这有助于培养品牌忠诚度。因此，Fournier（1998）的消费产品情境下的关系质量模型表明，与客户的稳健关系可以促进关系稳定。此外，Fournier（1998）发现，高承诺水平的消费者更有可能对促进关系稳定的品牌作出承诺。因此，我们认为关系质量在影响顾客意图方面起着至关重要的作用。强有力的关系是一种无形资产，不容易被竞争对手复制（Wong et al.，2007），这反映了客户与服务提供商之间的心理联系（如 Crosby et al.，1990；DeWulf et al.，2001）。关系质量（RQ）被定义为适当程度的关系来实现客户的需求（Hennig-Thurau，Klee，1997），这意味着客户可以相信和依赖供应商，因为过去的表现一直是令人满意的水平（So et al.，2016）。Gregoire 和 Fisher（Gregoire，Fisher，2006）认为保持高质量的关系可以促进忠诚相关的结果，比如客户愿意提供推荐和支付溢价。

苏秦（2009）以 B2C 电子商务为背景构建了电子商务服务质量、顾客满意与顾客忠诚的影响机理模型；苏秦、崔艳武、张驰（2008）研究了情感因素对服务质量和顾客满意度的影响等。Liljander 和 Strandvik（1995）通过引入情节质量与关系质量等新概念，解释了关系质量与服务质量的关系，并且在传统的行为研究链中植入了情节价值与关系价值，用以评价顾客感知价值，解释关系质量对服务质量、顾客满意和顾客购后行为的影响。Rafiq 等学者（2013）探讨如何在线上销售过程中运用关系质量来构建顾客忠诚。Oberts、Varki 和 Brodie（2003）以消费者服务行业为研究对象，通过实证分析证明了关系质量对于顾客购后行为的意图是比服务质量更具解释力的。曹忠鹏（2009）发现，关系质量对顾客忠诚存在显著正向的影响作用，通过顾客忠诚的中介对顾客正向口碑也存在正向的间接作用。Chung-Tzer Liu（Chung-Tzer Liu，2011）探讨关系质量与转换障碍如何影响顾客忠诚度，研究发现，趣味性和服务质量影响满意度，而服务质量和亲密度影响信任。

第七节 互 动

一、互动的定义

互动性是社会商业的一个重要特征。Doney 和 Cannon（1997）认为，在信息交流和社会交往方面经常与消费者接触有助于建立信任。Rafaeli 最早把电脑中介传播中的互动定义为：在一连串的信息沟通与交换过程中，任何第三者（或后来者）所传输的信息与先前传输的信息，或早于这些信息之前的信息之间相关的程度。而不同领域的学者对互动也有不同的定义：在传统的传播理论中，所谓互动指的是信息接受者（Receiver）针对信息内容（Message），对信息来源（Source）所产生的回馈（Feedback）现象。透过不断产生的回馈作用，信息来源与接受者之间不断地修改信息本身与回馈的内容，最后达成有效的沟通。Jensen 从社会学的观点出发定义互动：指在特定的情况下，两个以上的人之间交互对应的行为与反应。Grönroos（2013）认为互动的核心是虚拟的或精神上的接触，通过这种接触，供应商创造机会以衡量其客户的经验和实践，从而对其施加影响的结果。Ballantyne 和 Varey（2006）提出：当任何行为产生回应时，互动就开始了，客户和服务员工之间的互动可能主要以三种形式出现：信息交互、沟通交互和对话交互。信息模式包括所有具有有用通知意图的消息生成。在交流模式中，倾听和告知（即意见交换）都是互动的关键方面。从服务主导逻辑的角度来看，考虑互动和资源集成是价值共创的两个核心元素，Ple（2016）提供了关于服务提供者和客户之间的交互如何促进价值共创的详细分析。互动通过三个步骤进行。第一步是资源访问。在此过程中，客户和员工获得并提供对其他对等方的特定种类和数量的资源的访问。第二步是资源适应。在这一步中，一线员工定制他们已经访问过的客户资源，以确保这些资源实际上符合他们的资源需求。为了确保这种匹配，员工也同时调整自己的资源。第三步是资源组合和应用。也就是说，将客户资源与员工资源结合起来，然后立即应用它们来共同创造价值。组合和应用程序通常合并为一个步骤，称为集成。Mina Tajvidi 等（2017）将其定义为：消费者参与社交购物活动的程度，从而在社交网络环境中产生和共享信息，达成共识。互动可以通过论坛和社区、评级和评论、推荐等社会功能形成。这些功能是社交商务与其他形式的在线商务环境的关键区别，可能会影响顾客的感知和行为（Huang, Benyoucef, 2015; Kim, Park, 2013; Wang, Yu, 2017）。

互动性可以根据特征方法、感知方法和过程方法进行分类（McMillan, Hwang, 2002）。特征方法侧重于提供人与人之间和质量高的媒体和技术沟通（McMillan, 2000），而感知方法强调对顾客感知能力的经验模拟（Kiousis, 1999）。过程方法认为：社会互动是源于接收者之间的双向沟通，或者更广泛地说，是任意数量的源于接收者之间的多向沟通（Pavlik, 1998）。虚拟品牌社区的互动主要发生在顾客与其他顾客之间以及顾客与平台服务人员之间。品牌社区是以顾客为中心的一组关系（顾客与其他顾客、顾客与企业、顾客与品牌、顾客与产品）（Muniz, O'Guinn, 2001; Mascarenhas et al., 2006）通过交互而引发价值共创的平台，产品和品牌是交互的主要内容，而顾客与企业是交互的主要主体。顾客与企业之间的互动是价值共创的一种重要方式，包含真诚和信任的多环节互动可以给顾客带来更好的体验（Prahalad, Ramaswamy, 2004; Lanier, Hampton, 2008）。顾客与顾客之间的互动也是价值共创的典型形式，且顾客间互动已成为营销学术领域一个新兴的、独立的、极具发展前景的研究主题（李志兰，2015），它可以使顾客在服务过程中获得更好的服务体验，并影响顾客对企业的满意和忠诚（Bitner et al., 1990; Prahalad, Ramaswamy, 2000）。顾客通过持续的社交活动可以有机会与陌生人发展关系，并与其他顾客分享他们的服务经验。Barak Libai（2010）将顾客与顾客之间的互动定义为将信息从一个客户（或一组客户）传递给另一个客户（或一组客户），这种方式有可能改变他们的偏好、实际购买行为或他们与他人进一步交互的方式。消费者与消费者的互动反映在连通性上。连通性是指顾客可以通过在线社区、公告栏、新闻组、在线聊天室等方式共享共同兴趣和交换有用信息的程度（Lee，2005）。在社交商务中，消费者生成视频、讨论表单、数字图像、音频文件、评级、推荐等内容，这些内容可以公开提供给其他消费者。这些顾客生成的内容让消费者获得更多关于产品的信息和知识，并为他们提供一个与其他消费者交流和体验的沟通渠道，从而增加他们的信心和随之而来的购买意愿（Han，Windsor，2011）。

二、互动的维度

Heeter（Heeter，1989）把互动性概念化为包含六个维度的概念：可获得的选择的复杂性、顾客必须付出的努力、对顾客的响应、对信息使用的监控、易于添加信息、促进人际沟通。Ha等（Ha，James，1998）把互动性分为五个维度：娱乐性、选择、连通性、信息聚集、双向沟通。Liu等（Liu，Shrum，2002）把互动性归纳成了活动控制、双向沟通和同步性三个维度。Yin（Yin，2002）目前的研究主要集中在对互动性的两种感知，响应性与双向性是这两个互动沟通中的基本构面。唐嘉庚（唐嘉庚，2006）提出了五个互动性因子：感知有用性、感知易用性、双向性、响应性和互助性。吴思等（吴思，凌咏红，王璐，2011）在虚拟品牌社区中将互动划分为顾客与平台的互动以及顾客与顾客的互动。陈庆（陈庆，2012）将顾企互动分为顾客授权、信息共享和人际互动三个维度，共创价值分为关系价值、盈利价值和创新价值，探讨了市场环境在顾客和企业之间的调节作用。研究结果表明，顾客驱动对盈利价值、关系价值和创新价值都具有显著正向影响，且关系价值和创新价值正向影响盈利价值，市场环境在顾客互动和共创价值的关系中起调节作用。卜庆娟等（卜庆娟等，2016）认为顾客价值共创互动行为由求助、人际互动、反馈和倡导四个维度构成。

三、互动的实证研究

关于顾客间互动的影响结果方面，大量研究证实了顾客间互动对顾客情绪和满意、忠诚等的影响。Huang（2008）认为服务现场顾客间交互会影响顾客情绪。Martin和Clark（1996）进一步指出：顾客群之间是不兼容的，与某些顾客进行互动时可能会感到很开心，但与另外一些顾客进行互动时却可能会不高兴，进而通过互动接触对顾客满意评价等产生影响。此外，还有多位学者研究证实：顾客间互动对顾客的满意度（Wu，2008）、忠诚度和正面口碑（Moore，Capella，2005）均有积极影响。吴思等（吴思等，2011）从虚拟社区成员参与的视角将互动区分为"人—机互动"和"人—人互动"两种形式，对于两种不同的互动形式，人—机互动的感知易用对于情感信任有显著影响，而感知有用对于情感信任没有显著影响；信任的两个维度对于信息意愿的发布和获取都有显著的影响。涂剑波等（涂剑波，陈小桂，2015）认为顾客与顾客的互动可以通过共创顾客体验对顾客共创价值产生积极的影响作用；共创顾客体验在顾客与顾客的互动和顾客共创价值的关系中具有部分中介效应作用。申光龙等（申光龙等，2016）依据层次体验模型，将虚拟品牌社区中的顾客体验价值划分为功能体验价值、情感体验价值和社会体验价值，并以顾客体验价值为中介变量探究了顾客间互动对顾客参与价值共创的影响。卜庆娟等（卜庆娟等，2016）研究了顾客价值共创互动行为对顾客价值的影响。刘容等（刘容，于洪彦，2017）研究了构建在线品牌社区顾客间互动对顾客愉悦体验的影响机制，提出在线品牌社区顾客间互动对顾客愉悦体验具有正向影响、控制感和融聚感对在线品牌社区顾客间互动与顾客愉悦体验之间具有中介作用、主题匹配对这种中介机制具有调节作用。

第八节　服务场景

一、服务场景的定义

Bitner（1992）提出了最被广泛引用的理论框架，描述人工服务消费环境元素（如温度、噪音、布局、装饰、标志、个人工件、装饰，等等）对客户内部反应和交互的影响。服务场景是一个构建的环境，它包含许多氛围线索，为个人提供各种视觉、嗅觉和听觉感官刺激，以帮助形成服务组织的整体感知图像。服务场景可以影响个人的认知、情感和生理逻辑状态，进而影响行为。服务场景的评价图像来自人、环境和两者之间正在进行的交互（Walsh et al.，2000）。Wagner（2000）在 Bitner（1992）的概念框架的基础上还提出了服务场景的美学价值框架，该框架融合了设计、营销和建筑，其中视觉方面在

Wagner（2000）的概念框架中具有至高无上的重要性。大量的服务场景研究表明，服务场景在影响个人情绪、满意度和避免接近行为方面发挥着重要作用。几十年来的大量研究表明，消费者的行为和情绪会受到物理环境的很大影响（Gilboa，Rafaeli，2003）。目前存在大量的服务场景的文献，其中大部分与服务场景的实质阶段或阶段物理环境有关（Dong，Siu，2013）。早在20世纪90年代末，Arnould，Price和Tierney（1998）就认为服务场景包括实质性和交际性阶段，交际性阶段是服务场景的社会方面，包括文化元素和员工与客户的沟通（Dong，Siu，2013）。只有少数研究调查了服务场景在酒店环境中的交际阶段的效果（如Chang）。虽然在餐馆、酒店和度假村进行了大量的服务场景研究，Durna等（2015）认为需要更多的实证研究来调查不同的服务场景元素对顾客反应的影响。

服务场景是一个提供服务的环境，它表示一个人为的和计划好的环境，对消费者的敏感方面有一定的影响（Ryu，2015）。因为这是一个构建的消费环境，给人以刺激，是企业的外部形式，服务场景可以成为形成第一印象和客户期望的重要线索（Rosenbaum，Montoya，2007；Zeithaml et al.，2006）。因此，不同行业的顾客对服务的情感反应、满意程度和行为意向各不相同（Nguyen，2006）。Siu等（2012）将服务场景因素分为环境条件、空间布局、功能、标志符号和人工制品以及清洁度六组。韦克菲尔德和布洛吉特（1996）将服务场景划分为布局可访问性、设施美观性、座位舒适性、电子设备和显示器以及设施清洁度。Kauppini Raisanen等（2014）将服务场景分为总体布局、环境形象特征和展示、员工、其他客户、情感、标志和符号以及空间方面。Han（2013）将飞机内的服务场景分为两组：①环境条件和布局，包括空气质量、温度、气味和噪声；②空间和功能，包括布局、设备和设施。在此基础上，该研究将换乘便利设施的服务分为便利、清洁、吸引力、娱乐性、功能性和愉悦性六组。由于服务本质上是无形的，因此在消费过程中无法对其进行评价，但可以通过服务质量和其他客户体验来衡量（Ishaq，2011a，b；2012；Ishaq et al.，2014）。

二、服务场景的实证研究

Berry，Wall和Carbone（2006）提出利用嵌入在游客体验中的服务系统线索来衡量服务场景的质量。Berry 等（2006）解释了如何将服务系统分类为包含此类功能、机械或人类线索的系统。服务体验评估反映了顾客对整个服务体验的感知和感受。服务场景的实体阶段是指服务环境的物理创建（Arnould et al.，1998）。Bitner（1992）应用环境心理学研究服务营销，强调环境条件、空间布局和功能以及符号和人工制品的重要性。随后的研究证实了实体环境与结果测量（如企业绩效、行为意图和消费者情绪反应）之间的关系（Mattila，Wirtz，2001），而类似的关系在其他服务行业也得到了证实。Reimer 和 Kuehn（2005）的研究表明：与功利主义服务相比，服务场景在对享乐主义服务的质量评价中具有更大的重要性。李慢等（2014）进一步研究了网络服务场景通过流体验对行为意向的作用机理。Kyuseon Parka（2018）探讨了仁川国际机场（IIA）换乘便利设施的服务场景属性对感知服务场景、情感反应、顾客满意度、机场形象和行为意向的影响。在六个服务场景属性中，清洁度、娱乐性和功能性对感知服务场景有积极影响。感知服务场景对情绪反应和顾客满意度有正向影响，对机场形象和行为意向也有统计学显著影响。Lydia（2018）定义了社会服务场景，消费环境的社会方面包括顾客/员工的行为、外观和感知相似性，被假设对全面服务用餐体验的评估产生有意义的影响。研究结果显示社会服务场景是态度、满意度和消费后行为意向（包括回报意向和口碑）的一个可靠预测因子。M. Ángeles Oviedo‐García 等（2019）通过对保护区旅游网站的感知价值，探讨了保护区环境下的服务场景对游客满意度的影响。研究发现：引起游客不满意的重要因素是服务，员工的缺勤或表现不佳会使游客产生不满情绪，而引起满意的因素的改善会提高游客对保护区的满意度。

第九节　性别差异

一、性别差异的含义

一些理论框架被用来组织和解释男性和女性在离线和在线环境中的感知和行为差异，其中特别强调了进化（Buss，1988）和社会因素（Eagly，Wood，1991）的作用。一些学者认为：由于在数百万年的进化过程中，每个性别都有非常特定的社会角色，因此女性和男性在本质上是不同的（Brown，2004；Fisher，1999；Saad，Gill，2000），具有不同的心理属性。男人发展成为狩猎者，女人成为采集者和主要的看护者。因此，女性需要更多的经验、关系、表达和关怀，而男性的独立性、能力、任务导向和工具性是生存的基本特征（Buss，1990；Shackelford et al.，2005）。来自社会心理学的复杂方法认为性别差异是社会角色期望的结果（Eagly et al.，2000）。换句话说，性别差异是根据当地的具体情况和历史在社会上构建的（Wood，Eagly，2002）。性别差异是自我解释分歧的产物的观点得到了显著的认可（Cross，Madson，1997）。自我解释是一系列心理过程的基础，包括信息处理、情绪调节和意志（Maddux，Brewer，2005）。因此，自我解释是许多人类行为的基础，指导着主体的决定和意图。由于天生的差异，社会认可的观点和结构以不同的方式塑造了男性和女性的自我解释（Cross，Madson，1997）。由于对他人的认知通常建立在一个人的自我观点的基础上（Carpenter，1988），这些社会化的差异很可能导致对社会关系、社会信息的不同态度，以及社会环境中不同的行为模式的区别（Gabriel，Gardner，1999）。因此，当男性和女性通过观察和与他人的社交互动来学习性别模式时，他们会自我选择社会认可的性别模式。社会认知理论表明：在不同的情况下，男性和女性做决定时的表现是不同的。特别是男性更注重结果，更注重效用和实际表现，而女性在参与新活动时更注重过程，更关注安全和隐私问题。

二、性别差异的实证研究

Iacobucci 和 Ostrom（1993）认为，男性更具有主观能动性，女性更注重群体（社会导向），男女的不同之处在于：女性更关心服务过程中的关系方面（比如，餐厅里的服务员有多好），而男性更关心服务的核心方面（比如，食物有多美味）。大多数实证结果支持这一观点（Hedhli et al.，2016）。在一项对 10 多万名消费者的调查中发现，汽车服务质量对女性更为重要，而有形的管道产品质量对男性更为重要（Mittal，Kamakura，2001）。在食品杂货行业，Mortimer 和 Clarke（2011）也发现，男性购物者更关心功能性效用（如效率或交易速度），而不是体验效用（如服务器的友好性）。经验维度对女性更重要（如商店清洁和卫生习惯）。在酒店业，Myung 等（2008）发现男性在选择食物时比女性对价格更敏感。Sohail（2015）发现男性在商场购物比女性对价格更敏感。在银行业，成本和佣金被发现主要对男性很重要（Karjaluoto et al., 2010）。Boneva（Boneva, 2001）对互联网使用的早期研究发现，女性更有可能使用电子邮件和其他沟通平台，这表明女性更侧重于对网络关系的使用。与此同时，男性花更多的时间研究网络上的各种问题或解决特定的任务（Gefen, Ridings, 2005），这一活动可能使他们在群体背景下更相关。这表明，这些差异可能会影响 SNS 顾客的行为决定因素和感知。Jamid 等（Jamid Ul Islam, Zillur Rahman, 2017）考虑到性别在网络品牌社区中调节作用的不足，进一步分析了不同性别（男性和女性）如何影响网络品牌社区的关键特征与顾客参与之间的关系。Lu 和 Lee（2010）将博客质量、认知需求和社会影响力作为博客粘性的前因变量进行了研究，发现内容仍然是博客环境中的王者。一般来说，女性读者主要对内容感兴趣，而男性读者更感兴趣的是系统质量和社会影响力。涂剑波等（2017）研究表明性别差异通过关系质量对虚拟社区中互动对共创价值的影响存在影响。Hanna Krasnova 等（2017）以期望—确认模型、使用与满足理论、自我解释理论及其扩展为基础，探讨持续动机决定因素的性别差异。女性主要受关系用途的驱使，例如保持密切联系和在密切和遥远的网络上获得社会信息，但男性的持续意图建立在他们获得一般性信息的能力之上。Enav Friedmann（2018）研究在男性和女性选择服务时，哪些实用工具是重要的。结果表明性别差异仅出现在单一的选择评价中，认知负荷可以模糊性别差异的刻板印象。当试图影响品牌选择时，刻板的性别目标是不合理的。

综上所述，社会生物学理论认为，由于不同的社会化过程，男性更具有目标导向，女性更具有关联性。这些差异被认为在零售环境中发挥着重要作用，大多数研究表明，男性和女性对功能和体验效用的关注是不同的。

第十节　顾客满意度

一、顾客满意度的定义

M. Zviran（2003）认为顾客满意度是衡量信息系统成功的一个常用指标。

K. Klenke（1992）认为顾客满意度是一个关键的结构，因为它与系统分析和设计中的其他重要变量有关。它被用来评估信息系统的成功和有效性、决策支持系统的成功、办公自动化的成功，以及信息系统在决策中的效用。Swanson等（Swanson，1997；Cheney，1982）定义了从信息系统鉴别和顾客态度到最终顾客满意度等一系列总体结构。最终顾客计算工具包括五个衡量顾客满意度的指标：终端顾客对系统的信任、提供准确的信息、使用清晰的表示格式、确保信息的及时性和感知的易用性。David于1989年研究顾客对信息系统接受程度时提出了技术接受模型（TAM），这一经典模型指出了两个决定因素：一个是感知有用性（perceived usefulness），反映顾客使用IS对其工作业绩提高的程度；另一个是感知易用性（perceived ease of use），反映顾客使用IS的容易程度。在文献中，顾客满意度这个术语还没有严格的定义。Doll和Torkzadeh（1991）认为，顾客满意度是顾客对他们所使用的特定计算机应用程序的看法。顾客满意度的其他术语也很常见，例如顾客信息满意度，定义为顾客认为可用的信息系统满足其信息需求的程度（Ives et al.，1983）。Larcker和Lessig（1980）在讨论顾客满意度时谈到了信息的感知有用性。顾客满意度和可用性紧密地交织在一起。ISO（1998）将可用性定义为效率、有效性和满意度的综合体。Oliver（1980）将满意度定义为对构成关系的所有方面进行全面评估后产生的情感状态，是产品或服务的再购买和再使用意图的重要前提。然而，在HCI文献中，满意度常常被视为高可用性的副产品（Lindgaard，Dudek，2003）。Santos从潜在维度和主动维度提出电子商务服务质量决定因素的概念模型，其中，潜在维度包括易用性、外观、网站布局等项目指标；主动维度包括可靠性、效率、帮助支持和安全性等项目指标。我国学者焦玉英和雷雪（2008）从便捷性、安全性、信息内容质量等角度对网络信息服务质量的评估进行了模型构建和调查分析；韩正彪等从感知质量、感知价值等方面对国家精品课程网站顾客满意度提出了观测变量及测量题项。

二、顾客满意度的实证研究

由于认识到顾客满意度在电子商务应用程序的成功中占主导地位，S. Kurniawan（2000）探索如何测量顾客满意度和对顾客满意度及其偏好建模。聚焦新技术环境，以前使用的满意度也被发现是预测顾客持续意图的最强因素

(Bhattacherjee, 2001)。在同一条线上,Devaraj 等(2002)测量了电子商务环境下的客户满意度,并以数据支持满意度是客户渠道偏好的关键决定因素。Muylle 等(2004)通过实验验证了一种衡量 Web 站点顾客满意度构建的标准工具。他们的工具由三个部分组成:信息(相关性、准确性、可理解性和全面性)、连接(易用性、入口指导、结构、超链接内涵和速度)和布局。Trepper(2000)发现便捷的网站设计和财务安全对电子商务应用的顾客评价有显著的影响,虽然电子商务应用可以在技术上取得成功,达到其财务目标,但如果客户对结果不满意,仍然可能导致失败。McKinney(2002)等提出的证据表明:顾客对 EC 网站的满意程度可以被建模为感知到的不确定,这是由于顾客的期望与电子商务网站在信息和软件质量方面的实际表现之间存在差距。Khalifa 和 Liu(2003)认为有必要考虑基于互联网服务的满意度的演化性质,并通过实证证明了这一点。Lin 等确定了信息质量、系统质量、服务质量、产品质量、交付质量、感知价格为影响网络消费者满意度的关键因素,并研究这些关键因素是如何影响网络消费者满意度的。Wang 提出了一个混合框架解决客户满意度和产品配置的关系,将客户满意度纳入产品配置的决策之中。Nonaka 等提出了一种顾客满意度模型用于确定哪些服务因素会影响顾客满意度以及确定服务内容优先级。李云鹏、吴必虎(2007)利用结构方程模型分析旅游网站顾客满意度,构建了 TWUS 模型,得出信息质量、服务质量、服务公平性影响网站顾客满意度的结论。关华、殷敏(2007)以携程旅行网为例,通过因子分析法对调查数据进行了分析,指出网站的服务、体验和形象等对旅游网站满意度产生影响。最近,满意度对在线购物的忠诚度有正向影响(Chiu et al., 2009),并促进了互联网门户网站(Lin et al., 2005)、电子服务(Liao et al., 2007)和在线社区的使用(Liu et al., 2010)。满意的消费者表现出更大的使用公司产品的意愿,有更大的再购买意愿,更喜欢正面的口碑,更不愿意寻找替代供应商(Oliver, 1999; Kim et al., 2009)。Daniel Belanche(2012)分析了网站可用性对消费者满意度和使用意愿的影响,以及满意度对使用意愿的影响,并且研究了消费者风险感知对网站可用性影响的调节作用。结果表明,网站可用性影响顾客满意度,而满意度反过来又影响顾客的使用意愿。可用性通过消费者满意度产生间接影响,对消费者满意度的影响受感知风险的调节。

第十一节 顾客粘性

一、顾客粘性的定义

粘性的定义既可以来自企业的角度,又可以来自顾客的角度。粘性最初是从企业的角度来定义的,指的是企业的一种属性或其网站的一种特征,即网站粘性。粘性指的是公司保留网站使用者并使其返回的能力(Paul B. Yahoo, 1999)。粘性是网站能够给顾客留下积极印象并激励他们留下的一种能力(Marchand et al., 2000)。粘性是一种度量(每日活跃顾客数除以每月活跃顾客数),它衡量顾客是否会继续回来,以及顾客生活中的相关性。随着消费者行为学的发展研究转向以顾客为中心,网站粘性也拓宽到了顾客粘性,是衡量顾客参与度的一个指标。因此,如果一个网站的顾客停留的时间更长,并且经常访问,它就会拥有更高的顾客粘性。Elliot 等(2013)认为粘性被视为社区的一个关键成功因素,企业和顾客之间关系的质量和整体强度以及企业能力的评估影响着顾客重新考虑是否参与社区。顾客粘性是一种高频率的返回网站的行为(Hallowell R., 1996)。Li 等(2006)从顾客的角度对粘性进行了表征。正如他们所指出的,虽然环境和市场行为会导致顾客转向其他替代网站,但顾客更有可能访问和使用他们喜欢的网站。Lin(2007)提出粘性是顾客反复访问和继续使用他们喜欢的网站的意愿。他的研究表明,网络顾客坚持使用网站的意愿是他/她进行交易意图的一个强有力的预测。Dubelaar, Leong 和 Alpert(2003)认为网络行业使用粘性来衡量一个平台的使用和性能,通过网站提供价值,从而吸引顾客经常花时间访问网站。顾客粘性的定义主要来自顾客的心理和行为两个方面。因为深度持有的再使用网站的承诺,使用者不受营销情境因素的影响,坚持重复访问和使用自己偏好的网站(Dahui Li et al., 2006)。顾客粘性是一种顾客忠诚。在线消费者粘性是在线消费者所具有的一种特征,基于对网站的认知与情感,在面临转换压力或其他因素影响时不改变其持续访问偏好的网站的性质(王海萍,2009)。顾客粘性进一步由消费时间、点击次数和互动等因素来衡量。花在网站上的时间可以用来衡量顾客的粘性(Oliver,

1999），因为忠诚的顾客会花更多的时间在互联网上，重复访问也是顾客粘性的积极指标（Kabadayi，Gupta，2005）。此外，点击量也是衡量顾客粘性的重要指标（Kim，Malhotra，2005）。目前，衡量客户忠诚度的互动频率越来越受到重视（Simona Silvana，Marginean，2016）。具有粘性的网站可以不断吸引顾客重新访问，这表明个人对网站的依恋，同时也延长了顾客在网站上花费的时间（Chen et al.，2010；Lu，Lee，2010）。根据Furner等（2015）提出的手机App粘性概念模型，粘性是控制、沟通、响应性、情境、手机自我效能五个影响因素相互作用的结果。Lee（2005）从互动性的角度考察了网站的内容设计，指出控制、语境和沟通是影响粘性的关键因素。通过对上述相关文献的整理，我们发现大多数关于粘性影响因素的研究都考虑了控制、沟通、响应性、情境、移动自我效能感、推送广告/促销六个维度。

二、顾客粘性的实证研究

Coursaris 和 Sung（2012）从广告和营销的角度考察了应用服务提供商和应用顾客之间的互动关系，发现增强互动策略可以带来最大的消费和客户粘性。因此，对粘性影响因素的研究主要集中在企业网站的内容、传播、响应度、推送广告/促销等维度。在网站设计的研究领域，Chien 等（Chien - Lung Hsu，Yi - Chuan Liao，2014）经过研究表明感知信息的可达性与粘性呈倒U形关系。当群落感水平增加时，倒U形关系变为线性关系。虚拟社区可以通过增加社区意识来降低信息超载对粘性的负面影响。Wu（2015）指出消费者感知的交互性正向影响努力期望，而努力期望又影响绩效期望，绩效期望是应用持续使用意愿的直接因素。粘性是指将忠诚度或持续行为的概念应用于网站或虚拟社区。Chiang 和 Hsiao（2015）从需求、客户和环境的角度研究了 YouTube 的粘性。他们发现持续动机和分享行为是 YouTube 粘性的重要前提。Chin 等（Chin - Lung Hsu，Judy Chuan - Chuan Lin，2016）认为粘性和社会认同显著影响顾客的购买意愿。具体来说，顾客和潜在顾客在形成粘性和应用内购买的前因方面存在显著差异。Wang 等（2016）对团购网站的粘性意图进行了评估，发现关系承诺、信任和满意度是粘性意图的关键决定因素。Lien 等（Lien et al.，2017）考察了服务质量（交互质量、环境质量和结果质量）对微信顾客满意度的影响，并评估了顾客满意度和黏度对使用意图的影响。

Zhang 等（Mingli Zhang, Lingyun Guo, Mu Hu, Wenhua Liu, 2017）提出了顾客参与对粘性影响的模型。顾客参与对顾客粘性有直接的正向影响，并通过顾客价值创造产生间接影响。Yu 等（2017）研究了互动性、粘性、电子满意度和口碑在中小企业网站中的作用。他们认为，在物联网环境下，口碑受到多种因素的影响。Ortiz 等（2017）探讨了中国台湾地区社交网络社区中电子口碑的参与因素。他们在报告中表示，基于认知的信任对心理因素的影响高于基于情感的信任对心理因素的影响。Imlawi（2017）提出了一个研究模型，研究哪些因素对健康相关网站的顾客参与度至关重要。Isa 等（2017）研究了数字体验对第三方酒店网站粘性的影响，他们认为顾客的数字体验对网站粘性非常重要。Chen 和 Lin（2018）研究了电子旅游网站顾客粘性的驱动因素。他们研究了四种常见的理性因素：系统质量、信息质量、安全性和电子购物价值，发现感知时尚对顾客对网站的粘性有正向影响，在网站安全和粘性之间起到中介作用。Feng 等（Feng Xu, Yong Qi, Xiaotong Li, 2018）研究发现媒体网站属性和顾客特征对顾客粘性有不同的影响。KeRong 等（2019）运用平台理论探讨了在线视频行业顾客粘性的决定因素。顾客粘性需要合适的资源，而价格对顾客粘性的影响不显著。

第十二节　研究述评

服务主导逻辑以知识和技能等工具性资源为核心，使静态的资源动态化，并强调顾客共同参与构建服务价值网络的重要意义。国内外对于服务主导逻辑的研究主要基于服务业企业与顾客之间的价值共创，而对于顾客与顾客之间的价值共创研究得还不够，在在线品牌社区方面服务主导逻辑研究得也比较少，而且随着服务主导逻辑的发展已经逐渐形成了服务生态系统，朝着多元发展，所以对于服务生态系统下的价值共创以及影响因素之间的相互作用机制还需要进一步研究。

在线品牌社区是一个比较新的概念，其建立在虚拟社区的基础上。国内外学者对在线品牌社区的实证研究主要基于品牌社区的互动性，来讨论品牌承诺、品牌忠诚、顾客体验、顾客认同等因素的影响。除了在线社区的互动性外，其信息质量和关系质量也需要进一步进行研究。

共创价值在生产领域和消费领域都是一个比较新的概念，但同时也是发展的趋势。在虚拟社区方面共创价值更多来自顾客与顾客之间，在消费领域的共创价值中，价值主要表现为消费者的情感体验价值，而对心理方面关注度不够，关于心理与共创价值之间的联系与影响关系需进一步研究，另外，共创价值创造的主体以及发展也需进一步研究。

互动质量的研究多基于员工—顾客，对员工的服务技能以及顾客的感知能力对顾客忠诚等因素间的影响，以及心理因素对互动质量的影响，而关于平台与顾客的互动质量还没有深入的研究以及相关的维度。所以关于平台与顾客间的互动质量评价有进一步开发的必要。

研究者从认知、情感以及行为上对顾客契合做了分类研究。也有国外研究者认为顾客契合应该分五个维度来探索，分别是认同、热情、关注、吸收和互动。顾客契合的测量指标有意识关注、热情参与和社会联系三个维度。国内外研究者的实证研究结果都表明，顾客契合有利于提升顾客对品牌的认知和忠诚，对品牌是有正向作用的。关于顾客契合需要进一步在新的服务场景进行研究，比如在虚拟品牌社区下的顾客契合。顾客与不同客体（如网络组织、供应商和政府）之间的契合也值得关注。

关系质量的研究主要从满意、信任和承诺的维度进行，是研究服务质量、顾客满意的关键。但是在线上关系营销方面还有待进一步研究，在线上品牌社区中顾客的体验等因素是否与传统的社区有差别也需要进一步研究。

服务场景是一个包含许多氛围线索，为个人提供各种视觉、嗅觉和听觉感官刺激，以帮助形成服务组织的整体感知图像所构建的环境。服务场景可以影响个人的认知、情感和生理逻辑状态，进而影响行为。但是对于服务场景下的顾客契合与共创价值之间的关系研究很少，所以接下来需要对服务场景与顾客契合及共创价值之间的关系进一步研究。

互动是价值共创中的一个过程，关于互动的研究由早期的顾企互动转变为如今的基于虚拟社区的顾客与顾客之间的互动。在虚拟品牌社区中，对顾客的互动行为对顾客价值的影响做了大量的研究。但是对于顾客间互动的影响因素、维度、测量方法等还需进一步研究和完善。

关于性别差异的研究主要基于其认知价值，性别差异对于品牌的认知和消费行为均有影响，但对于线上品牌社区共创价值中性别差异对于顾客参与以及互动的影响还需进一步研究。

顾客满意是一个广泛的概念。学者们从信息质量、系统质量、服务质量、产品质量、交付质量、感知价格等方面做过研究，但在服务主导逻辑下的线上品牌社区中，共创价值是否可以通过互动质量、关系质量等进一步影响顾客满意度以及对其造成何种影响尚不明确，可以进一步研究。

顾客粘性研究是基于互联网的，对购物网站来说，有的文献研究的是粘性意图对潜在消费者的购买意图的关系，而有的文献研究的是重复在线消费者，探讨重复购买意图。潜在购买与重复购买是两个不同体验阶段的购买，因此对粘性的阐释也就不同。对于顾客粘性，需进一步对顾客的认知与心理以及对关系变量的影响进行研究。

第三章 研究模型构建

第一节 在线品牌社区顾客契合与共创价值的关系

部分学者强调顾客契合是超越交易的行为,也有学者强调顾客契合是一种心理状态和过程。而一般来讲,顾客契合包含了顾客的认知、心理以及行为,并已拓展到社会联系方面。在线品牌社区是实现共创价值的平台,顾客契合则是实现共创价值的基础。在线品牌社区中的顾客契合可分为三个维度:认知过程、情感和活跃。Kuvykaite 等(Kuvykaite, Tarute, 2015)认为:认知是客户对一个特定品牌的关注和兴趣,情感是由品牌所引起的灵感和情绪,行为是客户与特定品牌交互的努力和能量。共创价值分为实用价值、享乐价值和顾客资产。实用价值是顾客能够获得的实用和功能方面的帮助;享乐价值是直接关于顾客个人情绪和感情的愉悦体验和感受;顾客资产是企业长期价值的最重要决定因素,是顾客为企业提供的最可靠的收入与利润来源。而顾客的认知过程和情感主要来自顾客的体验和感受,是在在线品牌社区的体验中产生的一种对品牌和品牌社区的认知和情绪,而活跃更多来自顾客参与以及在在线社区中的互动,如顾客参与产品的开发和创新,以及顾客针对特定公司所进行的品牌沟通,通过提供反馈、想法和信息来帮助改善或发展公司的产品(Kumar et al., 2010)。其次,客户可以通过公司激励的推荐计划为公司获得新客户(Kumar et al., 2010),或者通过口碑、博客和其他形式的客户对客户的互动主动影响其他客户的看法(Brodie et al., 2013)。顾客契合中的认知过程和情感是从心理方面来体现的,顾客对在线品牌社区的心理体验会影响顾客在情绪和感情上的愉悦体验，进一步会对享乐价值产生积极影响，同时也会对实用价值和顾客资产产生影响。而活跃是基于顾客在在线品牌社区中参与这一行为，同样顾客活跃地参与社区会使顾客产生参与感，进一步影响顾客的享乐价值和顾客资产。Vivek 等（2012）在顾客契合与共创价值的影响关系中，提出顾客契合对顾客价值具有积极的影响。Zhang 等（2017）进一步指出顾客契合可能对顾客价值创造产生积极的作用，顾客契合不仅能影响功能价值，还能影响享乐价值和顾客资产。同时，郭爱云等（2018）从顾客品牌契合的角度说明了顾客品牌契合对顾客品牌价值创造存在积极的影响。顾客通过参与在线品牌社区会形成品牌认知以及情绪上的体验，从而在心理上形成品牌认同，当这种认同达到一定的程度时，顾客更频繁地参与到在线品牌社区中进行价值共创，从而形成共创价值，最后经过不断强化形成品牌忠诚。共创价值包括实用价值、享乐价值和顾客资产。因此在在线品牌社区中，顾客契合对实用价值、享乐价值和顾客资产具有影响作用（见图 3-1）。因此提出假设：

假设1：顾客契合对实用价值存在积极影响。

假设2：顾客契合对享乐价值存在积极影响。

假设3：顾客契合对顾客资产存在积极影响。

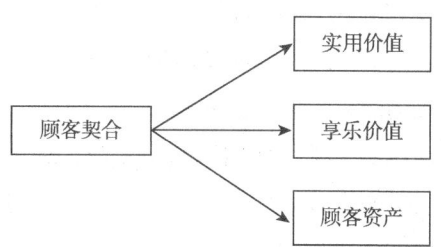

图 3-1　顾客契合对共创价值的影响关系

第二节　服务场景、顾客契合与共创价值的关系

Bitner（1992）定义服务场景是服务场所经过精心设计和控制的各种环境要素，包括氛围、空间布局与功能以及标志、象征和工艺品等。Harris 等（2010）进一步提出网络服务场景的概念，并将网络服务场景划分为审美诉

求、功能布局和财务安全等重要维度（Harris et al.，2010），其中审美诉求是有关网站的视觉诉求和设计创意，功能布局包括网站的布局和安排，财务安全反映在线支付的感知安全。Chang（2016）分析了感知服务场景对顾客情感的影响关系；进一步研究了服务场景可能对顾客在网站中的情感形成积极的影响作用。部分学者探讨了网络服务场景对在线顾客行为的作用机制（Harris et al.，2010），因而服务场景不仅可能影响顾客的认知和情感，还可能对顾客的行为产生影响。由于顾客契合包含了认知、情感和活跃等重要方面，因而团购网站的服务场景可能对顾客契合产生积极的影响作用。由此，本研究提出假设：

假设4：审美诉求对认知过程具有积极的影响作用。

假设5：审美诉求对情感具有积极的影响作用。

假设6：审美诉求对活跃具有积极的影响作用。

假设7：功能布局对认知过程具有积极的影响作用。

假设8：功能布局对情感具有积极的影响作用。

假设9：功能布局对活跃具有积极的影响作用。

假设10：财务安全对认知过程具有积极的影响作用。

假设11：财务安全对情感具有积极的影响作用。

假设12：财务安全对活跃具有积极的影响作用。

在顾客契合与价值的关系研究中，Vivek等（2012）提出顾客契合对顾客价值具有直接影响。在移动手机的使用研究中发现，顾客契合对顾客感知价值和顾客满意具有积极的影响（Dovaliene et al.，2015）。Zhang等（2017）进一步指出顾客契合能够对顾客价值创造产生积极的作用。因而，顾客契合可能积极影响在共创过程中顾客为自身共创的价值以及为网站共创的价值。对于服务场景与价值的影响关系，Bitner（1992）认为良好的服务场景能够提升顾客的感知价值。Jalil等（2016）认为商店的环境氛围可能会对顾客感知价值具有直接影响。服务场景作为团购网站的重要环境因素，可能积极促进顾客与网站的共创价值。同时，服务场景也可能通过顾客契合对顾客与网站的共创价值产生间接的影响作用。那么顾客契合就可能在服务场景和共创价值的关系中产生重要的中介效应作用（见图3-2）。由此，本研究提出假设：

假设13：认知过程在审美诉求与共创价值的关系中具有中介效应作用。

假设14：认知过程在功能布局与共创价值的关系中具有中介效应作用。
假设15：认知过程在财务安全与共创价值的关系中具有中介效应作用。
假设16：情感在审美诉求与共创价值的关系中具有中介效应作用。
假设17：情感在功能布局与共创价值的关系中具有中介效应作用。
假设18：情感在财务安全与共创价值的关系中具有中介效应作用。
假设19：活跃在审美诉求与共创价值的关系中具有中介效应作用。
假设20：活跃在功能布局与共创价值的关系中具有中介效应作用。
假设21：活跃在财务安全与共创价值的关系中具有中介效应作用。

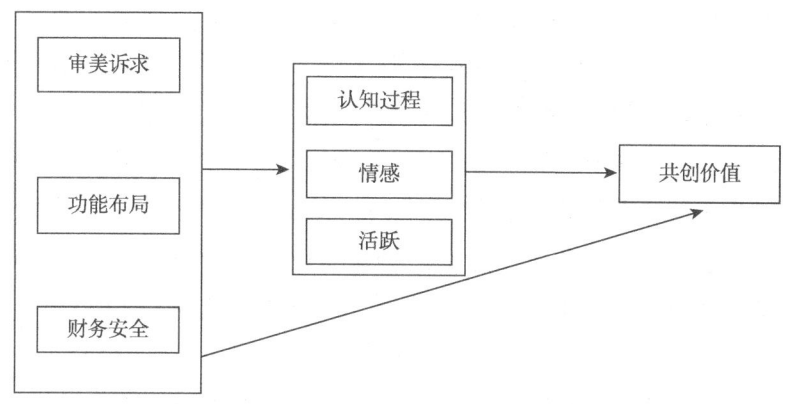

图 3-2 服务场景、顾客契合和共创价值的关系

第三节 互动、互动质量与共创价值的关系

吴思等（2011）从虚拟社区成员参与的视角，将互动区分为"人—机互动"和"人—人互动"两种形式。所以在在线品牌社区中，互动可以分为顾客与平台的互动以及顾客与顾客的互动。顾客与平台的互动其实主要是顾客与服务人员之间的互动，在互动的过程中顾客会对服务的质量进行评价，进而影响其在在线品牌社区中获得的信息质量以及情感体验，因此会对实用价值以及享乐价值产生影响，同时影响顾客资产。从更广泛的角度来看，顾客与顾客之间的互动，即将信息从一个客户（或一组客户）传递给另一个客户（或一组客户），这种方式可能会改变他们的偏好、实际购买行

为或他们与他人进一步互动的方式。人们经常通过观察他人的行为来学习，观察性学习与言语交际可能导致大规模的模仿行为（Earls，2007）。行为学习过程在经济学文献中得到了广泛的讨论，特别是在群体行为和信息传播方面（Bikhchandani，Hirshleifer，Welch，1992）。关于个人客户行为，研究人员正在了解模仿如何影响选择和偏好（Tanner et al.，2008），以及客户如何利用其他产品用户的数量来标识他们的身份，并做出与他人不同的决定（Berger，Chip Heath，2008）。观察性学习是顾客与顾客互动的一种基本形式，在线环境为客户提供了许多观察和学习他人行为的机会。此外，在线环境中研究人员通过大规模实验研究了人们如何受到他人选择的影响（Salganik，Dodds，Watts，2006），因而互动影响了顾客的共创价值。Bruhn 等提出互动质量是互动的优越性整体评价，是对合作伙伴能否满足互动方对高品质的在线互动需求的能力评价。当顾客对互动行为具有良好的评价时，就可能激发顾客更积极地进行资源的传递和分享，进而有利于实现共创价值。在线品牌社区中顾客对平台以及其他顾客的互动具有好的评价时，则有助于形成共创价值，实现资源的整合（见图3-3）。因此提出假设：

假设22：顾客与平台的互动对实用价值具有积极的影响作用。

假设23：顾客与平台的互动对享乐价值具有积极的影响作用。

假设24：顾客与平台的互动对顾客资产具有积极的影响作用。

假设25：顾客与顾客的互动对实用价值具有积极的影响作用。

假设26：顾客与顾客的互动对享乐价值具有积极的影响作用。

假设27：顾客与顾客的互动对顾客资产具有积极的影响作用。

假设28：顾客与平台的互动质量对实用价值具有积极的影响作用。

假设29：顾客与平台的互动质量对享乐价值具有积极的影响作用。

假设30：顾客与平台的互动质量对顾客资产具有积极的影响作用。

假设31：顾客与顾客的互动质量对实用价值具有积极的影响作用。

假设32：顾客与顾客的互动质量对享乐价值具有积极的影响作用。

假设33：顾客与顾客的互动质量对顾客资产具有积极的影响作用。

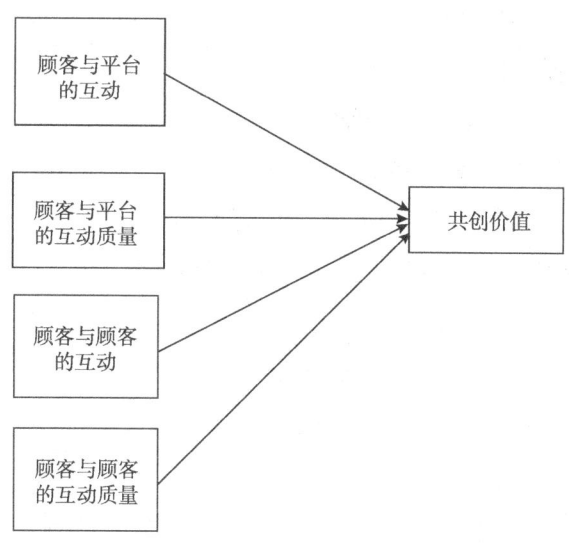

图 3-3　互动、互动质量对共创价值的影响关系

第四节　基于性别差异调节作用的顾客契合与共创价值的关系

Putrev 研究认为男性和女性在社交方面存在差异，形成了不同性别的消费者在价值取向方面的差异。价值取向的差异可能导致不同性别的顾客在参与互动的过程存在差异。在食品杂货行业，Mortimer 和 Clarke（2011）发现，男性购物者更关心功能性效用（如效率或交易速度），而不是体验效用（如服务器的友好性）；经验维度对女性更重要（如商店清洁和卫生习惯）。他们的结论是：他们的研究结果与性别差异的社会逻辑理论是一致的。同理，女性在逛商场（Jackson et al.，2011）或珠宝店（Grewal et al.，2003）时，体验效用更重要。品牌独特性有时被视为一种工具效用，因为人们利用它来提高自己的社会地位，并给重要的人留下积极的印象（Khan N.，2011）。因此，有学者认为，男性比女性更关心持续的效用（Collins et al.，2015），比女性更有品牌意识，表明他们关心自己的社会形象（Deloitte，2011）。社会生物学理论认为，由于不同的社会化过程，男性更具有目标导向，女性更具有关联性。这些差异被认为在营销环境中发挥着重要作用,大多数研究发现,男性和女性对功能和体验效用的关注是不同的。性别的差异导致了男性和女性对事物认知的差异,男性趋向理性,而女性更倾向于感性。顾客契合涉及顾客认知、心理以及活跃三个方面。所以由于不同性别顾客价值取向的不同,性别差异会调节顾客契合对共创价值的影响(见图3-4)。因此提出假设:

假设34:性别差异在顾客契合与共创价值之间存在调节作用。

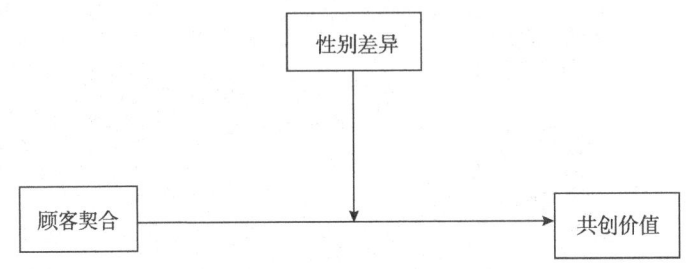

图3-4 性别差异在顾客契合与共创价值关系中的调节作用

第五节 共创价值和顾客粘性的关系

根据动机理论,在传统和电子商务购物环境下,功利主义和享乐主义价值观对购买行为都有很强的影响。顾客的功利主义和享乐主义价值观会影响顾客的信息技术与信息系统使用行为。功利主义的信息技术与信息系统侧重于增加顾客的任务性能,而享乐主义的价值观则侧重于增加顾客的愉快体验(Heijden,2004)。实证研究证实,这两种价值观都对信息技术与信息系统的感知和使用行为有影响(Kim,Han,2009;Kim,Hwang,2012)。Lin和Wang(2006)实证发现当消费者认为在线购物等目标更有价值(如更方便、更经济)时,他们会对这种行为产生更积极的态度。Overby和Lee(2006)验证了这种偏好(即在网络购物的语境中,积极态度)受到功利主义价值观的影响。近年来,对于移动应用发布者来说,典型的数字商业策略是在免费或试用的基础上提供应用(Singer-Oestreicher,Zalmanson,2013),试图留住并延长顾客的停留时间。在非移动网站的背景下,Demers和Lev(2000)提出了粘性的概念,用来描述网站捕捉和保留顾客注意力的能力。同样,在线品牌社区的顾客粘性是指顾客重复使用和延长每次使用持续时间的行为意图。当顾客在在线品牌社区中实现其功利主义和享乐主义价值观，获得实用价值、享乐价值以及顾客资产时，会对顾客重复使用社区以及延长使用社区产生影响，即对顾客粘性产生影响（见图3-5）。

假设35：共创价值对顾客粘性具有积极影响作用。

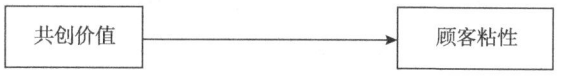

图3-5　共创价值对顾客粘性的影响

第四章 研究设计

第一节 问卷设计

一、问卷设计

本书需要收集数据来进行实证研究,为了保证研究结果的准确性,本书选择问卷调查的方法来进行数据的收集工作。问卷调查的样本量要足够大,结果才能具有解释性。所以本书选择大样本的问卷调查获取数据,来研究分析在线品牌社区互动质量、顾客契合对价值共创的影响以及相互之间的关系。通过大样本的问卷调查获得相关变量和量表的信息,运用实证研究的方法来进行相关变量的分析,对本书的模型假设是很好的验证。

二、变量定义和变量测量

在进行变量测量和量表设计之前,本研究首先对拟进行研究的相关变量进行定义,以明确界定变量的内涵。

（一）认知过程

认知过程来自顾客的心理层面。认知过程是消费者在特定消费品或品牌互动中对品牌相关的思维过程和阐述水平。在线品牌社区的顾客在使用该在线社区时会产生对该品牌的认知,顾客通过对平台建设、服务质量以及其他顾客的感知来判断该在线品牌社区是否和自己的兴趣、爱好、审美、价值观等相匹配。消费者对在线品牌社区的认知会影响其对该品牌的判断，从而决定是否会采取行动，参与到在线品牌社区的建设中。

（二）情感

情感即消费者在与特定消费品或品牌互动时所产生的品牌相关情感的积极程度。在线品牌社区中顾客在互动过程中如果乐于积极地互动，则顾客对品牌社区会怀有一种归属感，而这种情感更有利于顾客积极参与品牌社区的构建，有利于增强互动、增加品牌价值。

（三）活跃

活跃是消费者在与特定消费品或品牌互动时在品牌上花费的精力、努力和时间。顾客在在线社区中受到关注、激励、反馈等，会产生一定的归属感和自我实现感，进而愿意付出自己的时间、精力去互动，产生顾客满意和顾客忠诚。

（四）实用价值

在在线品牌社区中消费者关注信息、信息质量、服务的方便性和合理性。实用价值是对功能利益和代价的整体评价。在在线品牌社区中，顾客会对产品或服务等工具产生需求，也就是顾客关注在线品牌社区是否能够为其带来功能性方面的价值，进而产生实用价值。

（五）享乐价值

在在线品牌社区中消费者除了对功能性的实用价值的需求，还有心理方面的需求，也就是享乐价值。在顾客参与过程中，应满足消费者心理方面的需要。消费者在参与的过程中，希望获得愉悦、情感等精神享受。当消费者的心理需求得到满足后，会进一步增强对品牌的参与感，从而对其产生价值共创行为。

（六）顾客资产

在线品牌社区中，顾客通过互动不仅可以获得功能性与心理方面的价值，还可以获得顾客资产的价值。顾客在参与互动的过程中，可以用自己的知识和信息积极主动地参与价值的共创和传递。而顾客的推荐会产生口碑，这有利于增强企业的品牌竞争力，提高绩效。

（七）审美诉求

审美诉求指代表团购网站吸引力的氛围因素，在线品牌社区的文字、图片等氛围因素会影响顾客的情绪，进一步影响消费者对品牌的认知。所以了解消费者的审美诉求、关注在线品牌社区的氛围因素可以吸引顾客，从而使顾客愿意去参与社区，有助于增强顾客满意度。

（八）功能布局

功能布局指团购网站的安排、组织、布置和适应性。在线品牌社区中精美的网站设计以及定制化的布局会增强顾客的愉悦。社区的定制化可以使顾客定制化，从而使顾客满意度上升。功能布局是品牌社区在构建上吸引顾客的一个重要因素，同时也是需要研究的一个变量。

（九）财务安全

在线品牌社区应该为顾客提供一个安全的环境，这样才能增强顾客粘性。财务安全要保障顾客的财产安全、支付安全。财务的安全使顾客对品牌社区产生信任，从而更愿意参与到互动中，更加具有安全感，有利于增强顾客的忠诚，打造良好的口碑，进一步扩大品牌社区的目标顾客和规模。

（十）顾客与平台的互动

在线品牌社区为顾客提供了顾客与平台交流的场所，在在线品牌社区中顾客需要对产品、服务、品牌等进行了解，进而会进一步咨询平台，这就构成了顾客与平台间的互动。通过互动交流顾客更加了解平台以及产品和品牌的信息，平台服务人员也更好地了解顾客的使用状况，进一步提升顾客服务。

（十一）顾客与顾客的互动

在线品牌社区为顾客之间提供了信息分享、情感交流的环境，顾客可以按照自己的喜好去参加相关的活动，与同一板块的顾客进行互动交流从而获得信息经验等，实现了信息资源的共享。通过顾客与顾客之间的互动，顾客之间共享信息、传递情感，共同体验在线品牌社区所共同创造的价值。

（十二）顾客满意

顾客满意表示在线品牌社区中顾客在与其他顾客建立关系的过程中，感知这种关系有助于实现自身目标的良好期望，以及在心理期望上的满足。顾客满意能促进顾客与顾客、顾客与平台之间的和谐，形成可持续发展的关系。顾客满意能够增强顾客平台的粘性，从心理上产生认同感。顾客之间的满意也会增加互动交流的欲望，共同创造价值。

（十三）顾客粘性

顾客粘性是在线消费者所具有的一种特征，基于对网站的认知与情感，在面临转换压力或其他因素影响时不改变其持续访问偏好的网站的性质，通过顾客粘性可以测量顾客忠诚。

研究所使用的测量表如表4-1所示。

表4-1 变量维度测量

维度	条目	变量	来源
认知过程	使用品牌让我想到品牌	RZGC1	Hollebeek, Glyn, Brodie (2004)
	当我使用它的时候，我想到很多品牌	RZGC2	
	使用品牌激发了我学习品牌的兴趣	RZGC3	
情感	当我使用品牌时，我感到非常积极	QG1	Hollebeek, Glyn, Brodie (2004)
	使用品牌让我感觉开心	QG2	
	当我使用品牌时感觉很好	QG3	
	我对使用品牌感到自豪	QG4	
活跃	与其他类别商品相比，我花了更多时间使用品牌	HY1	Hollebeek, Glyn, Brodie (2004)
	无论我使用什么品类，我通常使用品牌	HY2	
	品牌是我使用品类时经常使用的品牌之一	HY3	
实用价值	我觉得通过这个平台进行交流很方便	SYJZ1	Chiu H, Hsieh Y, Li Y (2005)
	我觉得通过在线交流获得的信息质量很高	SYJZ2	
	我通过在线交流收获了需要的信息	SYJZ3	
	我觉得这个平台提供的交流服务比较合理	SYJZ4	

续表

维度	条目	变量	来源
享乐价值	我在这个平台交流，我感觉很快乐	XLJZ1	Chiu H，Hsieh Y，Li Y（2005）
	我选择这个平台不是因为不得不，而是因为我愿意	XLJZ2	
	我觉得使用这个平台进行交流是明智的选择	XLJZ3	
	通过在线互动交流，我获得了精神享受	XLJZ4	
顾客资产	该平台以顾客的利益为中心	YHZC1	Chiu H，Hsieh Y，Li Y（2005）
	通过交流使我更熟悉该平台	YHZC2	
	该平台具有愉快而吸引人的形象	YHZC3	
	该平台的在线交流服务值得信任	YHZC4	
	我对该平台产生了情感依赖	YHZC5	
审美诉求	该在线品牌社区的产品展示吸引人	SMSQ1	Harris（2010）
	我喜欢该在线品牌社区的外观	SMSQ2	
	该在线品牌社区设计独特	SMSQ3	
	该在线品牌社区的环境设计有趣	SMSQ4	
功能布局	我容易在该在线品牌社区中搜索到需要的信息	GNBJ1	Harris（2010）
	在该在线品牌社区中不同页面切换方便	GNBJ2	
	该在线品牌社区的导航很方便	GNBJ3	
	该在线品牌社区的操作简单	GNBJ4	
	该在线品牌社区很人性化	GNBJ5	
	该在线品牌社区能帮助我比较产品和价格	GNBJ6	
财务安全	该在线品牌社区有高效的支付程序	CWAQ1	Harris（2010）
	我信任该在线品牌社区的安全程序	CWAQ2	
	该在线品牌社区的安全意识较高	CWAQ3	
顾客与平台的互动	服务人员了解我的需求并提供相关服务	PTHD1	卫海英等（2010）
	我与平台服务人员相互支持	PTHD2	
	我给平台服务人员提供合理建议	PTHD3	
	我愿与服务人员在交流中合作	PTHD4	
顾客与顾客的互动	在该平台上交流给我创造了遇到朋友的好机会	YHHD1	Yoo，Arnold，Frankwick（2012）
	我与其他顾客进行了紧密合作	YHHD2	
	我与其他顾客进行了热情的交流	YHHD3	
	通过与其他顾客进行交流，我感到很有乐趣	YHHD4	

续表

维度	条目	变量	来源
顾客满意	我与该平台的顾客建立了满意的关系	YHMY1	Morgan, Hunt (1994)
	我非常满意该平台提供的产品和服务	YHMY2	
	与平台其他顾客的良好关系超过了我的期望	YHMY3	
顾客粘性	我将在该平台上停留较长的时间，而不是其他平台	YHNX1	Mingli Zhang, Lingyun Guo, Mu Hu, Wenhua Liu (2017)
	因为我熟悉了该平台，我不愿意转换到其他平台	YHNX2	
	我会尽可能地登录该网站平台	YHNX3	
	转换到其他平台将付出我更多的时间和精力	YHNX4	

第二节 预调研

本书采用问卷调研的方法，为了进一步确定量表内容，使其充分准确，所以采用预调研以对问卷的有效性进行验证。通过预调研来检查问卷中形式上的错误以及选项中的表意不明和不周延性等问题。在预调研的基础上进行修改，力求问卷结构的完整、逻辑的清晰、语言的精准和选项的通俗易懂，为接下来的大样本调研做好充足的准备。

本研究是基于线上品牌社区的，所以调研的对象为经常使用手机品牌社区的顾客，如经常使用小米社区、魅族社区、苹果社区、三星社区等手机品牌网络社区平台，并且将其视为交流互动的主要途径的顾客。这些顾客分布在学生、企业人员、自由职业者等各类人群，因此预调研在北京地区选择了120名使用手机品牌网络社区的顾客进行了问卷调研，并对这些数据进行统计分析。通过预调研可以对问卷的条目进行修改和调整，使正式调研结果更为真实可信。

第三节 正式问卷调研

为了研究在线品牌社区中互动质量、顾客契合对价值共创的影响以及作用机制，本研究采用了大样本的正式问卷调研方法进行调研。

一、正式问卷调研的目的

要运用实证研究方法建立模型并且对假设进行验证分析，需要通过大样本正式问卷调研的方法进行样本统计和数据收集。问卷调查法可以用于描述某类群体的共同特征，最重要的是通过变量间的关系推论得到数据的支持。通过对相关变量的数据进行计算，可以对在线品牌社区顾客契合与共创价值的关系，服务场景、顾客契合与共创价值的关系，基于互动质量调节作用的互动与共创价值的关系分析，基于性别差异调节作用的顾客契合与共创价值的关系以及共创价值与顾客满意、顾客粘性的关系进行分析。从而对在线品牌社区中互动质量、顾客契合对共创价值的作用以及影响关系做出分析判断，同时可以验证假设是否成立，为本书研究提供数据支持。

二、样本设计与问卷调研

由于本研究的背景是在线品牌社区，因此数据的来源以及调研对象都是来自长期使用社交媒体和虚拟社区的经常在线交流的顾客。在正式调研问卷中，数据的采集是单独邀请经常使用在线品牌社区进行交流的顾客，根据其使用该平台的实际情况和体验在一定的时间内对问卷进行填答。本研究的调查对象主要为北京等一线城市使用在线品牌社区的顾客。在这些地区，顾客对于互联网的接触以及在线虚拟社区的体验有更多的机会，他们对于其中的体会更符合在线品牌社区的要求，更适合作为本次调研的对象。

本研究对北京地区的包括学生、企业人员、公务员及事业单位人员和其他人员进行了两次问卷调查。学生和企业员工具有更为频繁地使用小米社区、魅族社区、苹果社区等在线品牌社区平台进行交流的特征，他们业余时间比较充足，符合在线品牌社区所要求的需要进行信息、情感和建立网络社交关系等的研究目的的要求。本研究通过现场面对面发放问卷以及问卷星付费调研等方式获取本研究所需的问卷，并进行深入的数据分析。

问卷样本的大小必须符合结构方程模型对样本量的要求，研究发现样本量至少要达到200份才足够用于验证性因子分析。考虑到本研究的变量较多，研究条目涉及的范围较广，因此本研究通过两次正式调研，分别收集了557份和

394份有效问卷,用来开展验证性因子分析和多元回归分析。对变量之间的因果关系进行分析,并对变量之间的调节效应关系进行验证。

第四节 信度与效度分析

信度(Reliability)即可靠性,是指使用相同指标或测量工具重复测量相同事物时,得到相同结果的一致性程度。一个好的测量工具对同一事物反复多次测量,其结果应该始终保持不变才可信。一张设计合理的调查问卷应该具有它的可靠性和稳定性。

目前最常用的是 Alpha 信度系数,一般情况下我们主要考虑量表的内在信度——项目之间是否具有较高的内在一致性。通常认为,信度系数应该在 0~1,如果量表的信度系数在 0.9 以上,表示量表的信度很好;如果量表的信度系数在 0.8~0.9,表示量表的信度可以接受;如果量表的信度系数在 0.7~0.8,表示量表有些项目需要修订;如果量表的信度系数在 0.7 以下,表示量表有些项目需要抛弃。

效度(Validity)即有效性,是衡量综合评价体系是否能够准确反映评价目的和要求的指标,是指测量工具能够测出其所要测量的特征的正确性程度。效度越高,即表示测量结果越能显示其所要测量的特征,反之,则效度越低。

内容效度又称表面效度或逻辑效度,它是指所设计的题项能否代表所要测量的内容或主题。对内容效度常采用逻辑分析与统计分析相结合的方法进行评价。逻辑分析一般由研究者或专家评判所选题项是否"看上去"符合测量的目的和要求。统计分析主要采用单项与总和相关分析法获得评价结果,即计算每个题项得分与题项总分的相关系数,根据相关是否显著判断是否有效。若量表中有反意题项,应将其逆向处理后再计算总分。

结构效度是指测量结果体现出来的某种结构与测值之间的对应程度。结构效度分析所采用的方法是因子分析。有的学者认为,效度分析最理想的方法是利用因子分析测量量表获得整个问卷的结构效度。通过因子分析可以考察问卷是否能够测量出研究者设计问卷时假设的某种结构。在因子分析的结果中,用于评价结构效度的主要指标有累积贡献率、共同度和因子负荷。其中,KMO

值大于 0.7 说明问卷的结构效度良好。

本研究使用 SPSS 软件和 Lisrel 软件对数据的信度和效度进行检验，验证量表的内部一致性以及文献研究的假设是否与实证分析的结果相关。

第五节　探索性因子分析

探索性因子分析主要是为了找出影响观测变量的因子个数，以及各个因子和各个观测变量之间的相关程度，以试图揭示一套相对比较大的变量的内在结构。研究者的假定是每个指标变量都与某个因子匹配，而且只能通过因子载荷推断数据的因子结构。判断样本是否可以进行 EFA，前提条件是变量间相关系数小于 0.3，然后进行巴特利特球形检验（Bartlett Test of Sphericity）和 KMO 检验（Kaiser – Meyer – Olkin），把所有相关系数与偏相关系数汇总考虑。当 KMO 值在 0.9 以上，非常适合；KMO 值在 0.8，适合；KMO 值在 0.7，一般。

在探索性因子分析中，极大方差旋转法是有效验证分析条目与测量一致性的方法。每个因子包含的变量不少于 3 个，每个因子解释的变量个数尽量相等，即变量均匀地分配在各个因子中。一般认为某个变量上的载荷在两个因子之间差距要大于 0.2，同时因子载荷一般要大于 0.4 或 0.5，总解释度一般要大于 0.6。所以本研究使用 0.5 作为探索性因子分析的标准值来衡量量表维度的条目。

第六节　验证性因子分析

验证性因子分析的主要目的是决定事前定义因子的模型拟合实际数据的能力，以试图检验观测变量的因子个数和因子载荷是否与基于预先建立的理论的预期一致。不同于探索性因子分析（EFA）的"试错与探索"特征，验证性因子分析（CFA）是使用样本数据对已经根据某些理论、先验知识做出的因子结构假设进行验证的过程。进行验证性因子分析时，根据已有理论建立的因子结构可形成一个估计的协方差矩阵，而基于理论建立量表进行抽样测量的样本资料可形成一个样本协方差矩阵。

本研究采用结构方程模型来检验结构方程模型变量与其相关因子的一致性，各个项目的因子载荷在0.5以上，则整体较为理想。拟合优度是检验一个验证性因子分析模型是否成立的重要指标，理论期望值为1。实际操作中，因子模型的拟合优度越接近于1，说明样本协方差矩阵与估计的协方差矩阵相似程度越大，因子模型拟合度越好。样本的大小会影响统计检验的效力和参数估计的准确性，在验证性因子分析中，样本容量越大，协方差的准确性越强，统计分析结果也就更可靠。一般而言，样本量低于200不适宜进行验证性因子分析。而实际上，决定样本容量的规则受到模型估计方法、模型复杂程度、观测变量的测量单位等多个问题的影响。Tanaka（1987）认为样本的最低限应由模型复杂度决定，至少应为自由参数个数的四倍，或者样本量与自由参数达到10∶1的比例。如果要使统计能力水平达到0.8，且模型的自由参数个数较少，则要求样本量至少为200；若模型的自由参数个数较多，则要求样本数要达到1000左右。本研究使用卡方检验和自由度比值的方法对拟合优度进行测量和检验。

为了使结果更全面更系统，需对近似误差的平方根（REMSA）、拟合优度指数（GFI）、本特勒—波内特规范指数（NFI）等进行检验。一般要求REMSA小于0.08，GFI/NFI大于等于0.9，表明模型拟合较好。

第七节 多元回归分析

回归分析是用确定性的方法来研究变量之间的非确定性关系的最重要的方法之一。在社会科学的许多领域存在这类研究现象，如人的行为或者某社会现象的表现会受到各种因素的影响和制约，要探索个人行为或某社会现象与其他因素之间的函数关系是非常困难的。如果把其中的一个或几个变量作为自变量，把另一个随着自变量的变化而变化的变量作为因变量，通过建立某种数学模型来研究它们之间的非确定性的关系的方法就是回归分析的方法。

一、一元线性回归分析

要研究一个自变量和因变量之间的数学关系，同时两个变量形成线性关系，可以建立一元线性回归模型，其数学表达式为：

$$y = \beta_0 + \beta_1 X + \varepsilon$$

式中：X 为自变量；y 为因变量；β_0 为截距，即常数项；β_1 为回归系数，表明自变量对因变量的影响程度。

在一元回归分析中，我们使用拟合优度来衡量回归方程对因变量的解释程度。拟合优度是指样本观测值聚集在回归直线周围的紧密程度。回归方程拟合优度检验的指标是判别系数 R^2，这里的 R^2 是指 y 的观测值与期望值之间的相关系数的平方。判别系数是回归平方和在总平方和中所占的比率，取值范围为 $[0,1]$。判别系数值越大，表明回归的效果越好。比率越接近 1，表明拟合优度越好；比率越接近 0，说明拟合优度越差。如果 $R^2 = 0.7$，表明因变量 y 的变化中有 70% 是由自变量 X 的变化引起的。

二、多元回归分析

多元线性回归模型是含有多个自变量的线性回归模型，用来解释因变量与多个自变量之间的线性关系。其数学表达式为：

$$y = \beta_0 + \beta_1 X_1 + \beta_2 X_2 + \beta_3 X_3 + \cdots + \varepsilon$$

式中：y 为因变量；β_0 为截距，即常数项；β_1，β_2，$\cdots$，β_n 为 y 对 X_1，X_2，$\cdots$，X_n 的偏回归系数，偏回归系数表示其他自变量不变时，某一个自变量的变化引起因变量变化的比率。

如果线性关系统计显著，说明自变量确实能积极影响因变量；反之则说明自变量与因变量之间没有显著的线性关系。一般采用 F 统计量进行 F 检验，F 检验依赖于 F 分布确定检验临界值。如果计算出的显著性概率小于 0.05，说明自变量与因变量之间具有显著的线性关系。

通过回归系数的显著性检验，来衡量自变量对因变量影响关系的显著性。根据样本估计的结果对总体回归系数的有关假设进行检验。之所以要对回归系数进行显著性检验，是需要衡量该回归系数所对应的自变量是否对因变量产生显著的影响关系。

回归系数的显著性检验是为了检验单个自变量与因变量之间的线性关系是否统计显著。系数的显著性检验通过 T 检验完成，T 检验依赖于 T 分布计算临界值，如果计算出的 T 值大于临界值或者计算出的显著性概率小于 0.05，表明回归系数具有显著性，该自变量与因变量之间具有显著的线性关系。如果计算出的 T 值小于临界值或者计算出的显著性概率大于 0.05，表明回归系数不具有显著性，则该自变量与因变量之间没有显著的线性关系。

第五章 在线品牌社区顾客契合、共创价值和顾客粘性的关系分析

第一节 描述性统计分析

经预调研后,发放正式问卷。正式调研中,本研究采用问卷星、微信朋友圈链接问卷以及面对面填写等方式,收集有效问卷557份(见表5-1)。

表5-1 描述性统计

项目	分类	样本数	百分比(%)
性别	男	279	50.1
	女	278	49.9
年龄	20岁及以下	8	1.4
	21~30岁	269	48.3
	31~40岁	230	41.3
	40岁以上	50	9.0
受教育程度	高中及以下	30	5.4
	专科	76	13.6
	本科	410	73.6
	硕士研究生	41	7.4
职业	学生	34	6.1
	企业职工	398	71.5
	个体商户	27	4.8
	自由职业者	25	4.5
	公务员及事业单位人员	64	11.5
	其他	9	1.6

续表

项目	分类	样本数	百分比（%）
月收入	1000 元及以下	21	3.8
	1001～2000 元	12	2.1
	2001～4000 元	166	29.8
	4000 元以上	358	64.3
常用平台	iPhone 论坛社区	419	75.2
	魅族社区	67	12.0
	OPPO 社区	7	1.3
	vivo 智能手机 V 粉社区	40	7.2
	花粉俱乐部（华为手机官方论坛）	5	0.9
	三星手机官方论坛	4	0.7
	其他	15	2.7

第二节 信度和效度分析

一、信度分析

本研究通过信度分析来检验量表的一致性。研究采用了 SPSS17.0 中的可靠性分析对量表的信度进行衡量，并使用 Cronbach's alpha 值来衡量量表中各变量的信度。研究结果发现 Cronbach's alpha 系数均大于 0.6 的标准值，见表 5-2。

表 5-2 信度分析

序号	变量	Cronbach's alpha
1	认知过程	0.947
2	情感	0.949
3	活跃	0.949
4	实用价值	0.945
5	享乐价值	0.945
6	顾客资产	0.944
7	顾客粘性	0.947

量表各变量的组合信度均大于 0.6 的标准值,表明组合信度符合要求。

二、效度分析

本研究使用 AVE 值来验证收敛效度。研究结果显示,测量的所有变量的 AVE 值均大于或接近于 0.5,符合 AVE 值测量的要求,表明量表具有良好的收敛效度。

第三节 在线品牌社区顾客契合与共创价值的关系分析

本研究使用多元线性回归分析的方法对在线品牌社区顾客契合与价值共创的关系进行检验,软件采用 SPSS17.0(见表 5-3 至表 5-11)。研究结果如下:认知过程、情感和活跃对实用价值的标准化回归系数分别为 0.295(Sig. = 0.000 < 0.05)、0.187(Sig. = 0.000 < 0.05)和 0.422(Sig. = 0.000 < 0.05),表明认知过程、情感和活跃对实用价值具有显著影响,因此假设 1 得到验证。认知过程、情感和活跃对享乐价值的标准化回归系数分别为 0.217(Sig. = 0.000 < 0.05)、0.358(Sig. = 0.000 < 0.05)和 0.337(Sig. = 0.000 < 0.05),表明认知过程、情感和活跃对享乐价值具有显著影响,因此假设 2 得到验证。认知过程、情感和活跃对顾客资产的标准化回归系数分别为 0.430(Sig. = 0.000 < 0.05)、0.302(Sig. = 0.000 < 0.05)和 0.204(Sig. = 0.000 < 0.05),表明认知过程、情感和活跃对顾客资产具有显著影响,因此假设 3 得到验证。

表 5-3 顾客契合与实用价值关系的 R^2 结果

模型	R	R^2	调整后 R^2	标准估算的误差	更改统计				
					R^2 变化量	F 变化量	自由度 1	自由度 2	显著性 F 变化量
1	0.819	0.671	0.669	0.55792	0.671	376.124	3	553	0.000

表5-4 顾客契合与实用价值关系的F值和显著性

模型		平方和	自由度	均方	F	显著性
1	回归	351.236	3	117.079	376.124	0.000
	残差	172.136	553	0.311	—	—
	总计	523.372	556	—	—	—

表5-5 顾客契合与实用价值关系的回归分析结果

模型		未标准化系数		标准化系数	t	显著性
		B	标准误差	Beta		
1	（常量）	0.577	0.148	—	3.897	0.000
	认知过程	0.302	0.041	0.295	7.298	0.000
	情感	0.186	0.039	0.187	4.728	0.000
	活跃	0.424	0.037	0.422	11.328	0.000

表5-6 顾客契合与享乐价值关系的 R^2 结果

模型	R	R^2	调整后 R^2	标准估算的误差	更改统计				
					R^2 变化量	F 变化量	自由度1	自由度2	显著性 F 变化量
1	0.824	0.678	0.676	0.54311	0.678	388.408	3	553	0.000

表5-7 顾客契合与享乐价值关系的F值和显著性

模型		平方和	自由度	均方	F	显著性
1	回归	343.705	3	114.568	388.408	0.000
	残差	163.118	553	0.295	—	—
	总计	506.823	556	—	—	—

表5-8 顾客契合对享乐价值的回归分析结果

模型		未标准化系数		标准化系数	t	显著性
		B	标准误差	Beta		
1	（常量）	0.683	0.144	—	4.742	0.000
	认知过程	0.219	0.040	0.217	5.425	0.000
	情感	0.351	0.038	0.358	9.163	0.000
	活跃	0.332	0.036	0.337	9.131	0.000

表 5-9　顾客契合与顾客资产关系的 R^2 结果

模型	R	R^2	调整后 R^2	标准估算的误差	更改统计				
					R^2 变化量	F 变化量	自由度 1	自由度 2	显著性 F 变化量
1	0.852	0.725	0.724	0.483363048000000	0.725	486.761	3	553	0.000

表 5-10　顾客契合与顾客资产关系的 F 值和显著性

模型		平方和	自由度	均方	F	显著性
1	回归	341.180	3	113.727	486.761	0.000
	残差	129.203	553	0.234	—	—
	总计	470.383	556	—	—	—

表 5-11　顾客契合对顾客资产的回归分析结果

模型		未标准化系数		标准化系数	t	显著性
		B	标准误差	Beta		
1	（常量）	0.510	0.128	—	3.978	0.000
	认知过程	0.418	0.036	0.430	11.659	0.000
	情感	0.285	0.034	0.302	8.370	0.000
	活跃	0.194	0.032	0.204	5.996	0.000

第四节　基于性别差异调节作用的顾客契合与共创价值的关系分析

本研究使用多元线性回归分析的方法分别对不同性别下在线品牌社区顾客契合与价值共创的关系进行检验，软件采用 SPSS17.0（见表 5-12 至表 5-29）。研究结果如下：在男性中，认知过程、情感和活跃对实用价值的标准化回归系数分别为 0.268（Sig. = 0.000 < 0.05）、0.225（Sig. = 0.000 < 0.05）和 0.397（Sig. = 0.000 < 0.05），表明认知过程、情感和活跃对实用价值具有显著影响；而在女性中，认知过程、情感和活跃对实用价值的标准化回归系数分别为 0.320（Sig. = 0.004 < 0.05）、0.149（Sig. = 0.000 < 0.05）和 0.490（Sig. = 0.000 < 0.05），表明认知过程、情感和活跃对实用价值具有显著影响。

男性和女性认知过程、情感和活跃对实用价值的标准化回归系数相差不大,说明性别对顾客契合与实用价值的调节影响较小。在男性中,认知过程、情感和活跃对享乐价值的标准化回归系数分别为 0.196（Sig. ＝0.001＜0.05）、0.380（Sig. ＝0.000＜0.05）、0.331（Sig. ＝0.000＜0.05）,表明认知过程、情感和活跃对享乐价值具有显著影响;在女性中,认知过程、情感和活跃对享乐价值的标准化回归系数分别为 0.247（Sig. ＝0.000＜0.05）、0.321（Sig. ＝0.000＜0.05）、0.347（Sig. ＝0.000＜0.05）,表明认知过程、情感和活跃对享乐价值具有显著影响。男性和女性认知过程、情感和活跃对享乐价值的标准化回归系数相差不大,说明性别对顾客契合与享乐价值的调节影响较小。在男性中,认知过程、情感和活跃对顾客资产的标准化回归系数分别为 0.510（Sig. ＝0.000＜0.05）、0.283（Sig. ＝0.000＜0.05）和 0.156（Sig. ＝0.000＜0.05）,表明认知过程、情感和活跃对顾客资产具有显著影响;在女性中,认知过程、情感和活跃对顾客资产的标准化回归系数分别为 0.354（Sig. ＝0.000＜0.05）、0.298（Sig. ＝0.000＜0.05）和 0.261（Sig. ＝0.000＜0.05）,表明认知过程、情感和活跃对顾客资产具有显著影响。男性和女性认知过程、情感和活跃对享乐价值的标准化回归系数存在较大的差异,表明在男性和女性顾客中,顾客契合对顾客资产的影响作用差异明显,说明性别差异对顾客契合与顾客资产的关系具有积极的调节作用。因此,假设 34 得到了部分验证。

(一) 男性

表 5-12　男性中顾客契合与实用价值关系的 R^2 结果

模型	R	R^2	调整后 R^2	标准估算的误差	更改统计					德宾-沃森
					R^2 变化量	F 变化量	自由度1	自由度2	显著性F 变化量	
1	0.812	0.660	0.656	0.59914	0.660	177.584	3	275	0.000	2.025

表 5-13　男性中顾客契合与实用价值关系的 F 值和显著性

模型		平方和	自由度	均方	F	显著性
1	回归	191.240	3	63.747	177.584	0.000
	残差	98.716	275	0.359	—	—
	总计	289.956	278	—	—	—

表5-14 男性中顾客契合与实用价值关系的回归分析结果

模型		未标准化系数		标准化系数	t	显著性
		B	标准误差	Beta		
1	（常量）	0.636	0.212	—	3.004	0.003
	认知过程	0.271	0.063	0.268	4.277	0.000
	情感	0.215	0.058	0.225	3.690	0.000
	活跃	0.413	0.057	0.397	7.222	0.000

表5-15 男性中顾客契合与享乐价值关系的 R^2 结果

模型	R	R^2	调整后R^2	标准估算的误差	更改统计					德宾-沃森
					R^2变化量	F变化量	自由度1	自由度2	显著性F变化量	
1	0.828	0.686	0.683	0.57911	0.686	200.453	3	275	0.000	2.094

表5-16 男性中顾客契合与享乐价值关系的 F 值和显著性

模型		平方和	自由度	均方	F	显著性
1	回归	201.680	3	62.227	200.453	0.000
	残差	92.228	275	0.335	—	—
	总计	293.908	278	—	—	—

表5-17 男性中顾客契合与享乐价值关系的回归分析结果

模型		未标准化系数		标准化系数	t	显著性
		B	标准误差	Beta		
1	（常量）	0.591	0.205	—	2.888	0.004
	认知过程	0.200	0.061	0.196	3.252	0.001
	情感	0.366	0.056	0.380	6.501	0.000
	活跃	0.347	0.055	0.331	6.275	0.000

表5-18 男性中顾客契合与顾客资产关系的 R^2 结果

模型	R	R^2	调整后R^2	标准估算的误差	更改统计					德宾-沃森
					R^2变化量	F变化量	自由度1	自由度2	显著性F变化量	
1	0.880	0.775	0.773	0.467388137000000	0.775	316.012	3	275	0.000	2.027

表 5-19　男性中顾客契合与顾客资产关系的 F 值和显著性

模型		平方和	自由度	均方	F	显著性
1	回归	207.100	3	69.033	316.012	0.000
	残差	60.074	275	0.218	—	—
	总计	267.174	278	—	—	—

表 5-20　男性中顾客契合与顾客资产关系的回归分析结果

模型		未标准化系数		标准化系数	t	显著性
		B	标准误差	Beta		
1	(常量)	0.428	0.165	—	2.595	0.010
	认知过程	0.496	0.050	0.510	10.018	0.000
	情感	0.260	0.045	0.283	5.717	0.000
	活跃	0.157	0.045	0.156	3.506	0.001

(二) 女性

表 5-21　女性中顾客契合与实用价值关系的 R^2 结果

模型	R	R^2	调整后 R^2	标准估算的误差	更改统计			
					R^2 变化量	F 变化量	自由度 1	自由度 2	显著性 F 变化量
1	0.828	0.685	0.682	0.51664	0.685	198.792	3	274	0.000

表 5-22　女性中顾客契合与实用价值关系的 F 值和显著性

模型		平方和	自由度	均方	F	显著性
1	回归	159.183	3	53.061	198.792	0.000
	残差	73.135	274	0.267	—	—
	总计	232.319	277	—	—	—

表 5-23　女性中顾客契合与实用价值关系的回归分析结果

模型		未标准化系数		标准化系数	t	显著性
		B	标准误差	Beta		
1	（常量）	0.524	0.212	—	2.469	0.014
	认知过程	0.332	0.054	0.320	6.134	0.000
	情感	0.158	0.054	0.149	2.918	0.004
	活跃	0.432	0.049	0.490	8.811	0.000

表 5-24　女性中顾客契合与享乐价值关系的 R^2 结果

模型	R	R^2	调整后 R^2	标准估算的误差	更改统计				
					R^2 变化量	F 变化量	自由度 1	自由度 2	显著性 F 变化量
1	0.816	0.666	0.662	0.50565	0.666	181.761	3	274	0.000

表 5-25　女性中顾客契合与享乐价值关系的 F 值和显著性

模型		平方和	自由度	均方	F	显著性
1	回归	139.418	3	46.473	181.761	0.000
	残差	70.056	274	0.256	—	—
	总计	209.475	277	—	—	—

表 5-26　女性中顾客契合与享乐价值关系的回归分析结果

模型		未标准化系数		标准化系数	t	显著性
		B	标准误差	Beta		
1	（常量）	0.825	0.208	—	3.968	0.000
	认知过程	0.243	0.053	0.247	4.587	0.000
	情感	0.323	0.053	0.321	6.077	0.000
	活跃	0.317	0.048	0.347	6.601	0.000

表 5-27　女性中顾客契合与顾客资产关系的 R^2 结果

模型	R	R^2	调整后 R^2	标准估算的误差	更改统计				
					R^2 变化量	F 变化量	自由度 1	自由度 2	显著性 F 变化量
1	0.815	0.664	0.660	0.497727977000000	0.664	180.345	3	274	0.000

表 5-28　女性中顾客契合与顾客资产关系的 F 值和显著性

模型		平方和	自由度	均方	F	显著性
1	回归	134.032	3	44.677	180.345	0.000
	残差	67.879	274	0.248	—	—
	总计	201.911	277	—	—	—

表 5-29　女性中顾客契合与顾客资产关系的回归分析结果

模型		未标准化系数		标准化系数	t	显著性
		B	标准误差	Beta		
1	（常量）	0.649	0.205	—	3.173	0.002
	认知过程	0.342	0.052	0.354	6.562	0.000
	情感	0.295	0.052	0.298	5.632	0.000
	活跃	0.234	0.047	0.261	4.953	0.000

第五节　共创价值与顾客粘性的关系分析

本研究使用多元线性回归分析的方法对在线品牌社区共创价值和顾客粘性的关系进行检验，软件采用 SPSS17.0（见表 5-30 至表 5-32）。结果显示实用价值、享乐价值和顾客资产对顾客粘性的标准化回归系数分别为 0.255（Sig. = 0.000 < 0.05）、0.255（Sig. = 0.000 < 0.05）、0.386（Sig. = 0.000 < 0.05），表明实用价值、享乐价值和顾客资产对顾客粘性具有显著影响。因此，假设 35 成立。

表 5-30　共创价值与顾客粘性关系的 R^2 结果

模型	R	R^2	调整后 R^2	标准估算的误差	更改统计					德宾-沃森
					R^2 变化量	F 变化量	自由度1	自由度2	显著性 F 变化量	
1	0.832	0.692	0.690	0.51064	0.692	414.027	3	553	0.000	2.013

表5-31　共创价值与顾客粘性关系的F值和显著性

模型		平方和	自由度	均方	F	显著性
1	回归	323.874	3	107.958	414.027	0.000
	残差	144.195	553	0.261	—	—
	总计	468.069	556	—	—	—

表5-32　共创价值与顾客粘性关系的回归分析结果

模型		未标准化系数		标准化系数	t	显著性
		B	标准误差	Beta		
1	（常量）	0.687	0.136	—	5.061	0.000
	实用价值	0.241	0.042	0.255	5.775	0.000
	享乐价值	0.245	0.042	0.255	5.839	0.000
	顾客资产	0.385	0.041	0.386	9.395	0.000

第六章 服务场景、顾客契合与共创价值的关系分析

第一节 描述性统计分析

经预调研后,发放正式问卷。正式调研中,本研究采用问卷星、微信朋友圈链接问卷以及面对面填写等方式,收集有效问卷394份(见表6-1)。

表6-1 描述性统计分析

项目	分类	样本数	百分比(%)
性别	男	155	39.3
	女	239	60.7
年龄	20岁及以下	21	5.3
	21~30岁	221	56.1
	31~40岁	113	28.7
	40岁以上	39	9.9
受教育程度	高中及以下	19	4.8
	专科	30	7.6
	本科	321	81.5
	硕士研究生	24	6.1
常用平台	iPhone论坛社区	202	51.3
	魅族社区	79	20.0
	OPPO社区	58	14.7
	vivo智能手机V粉社区	20	5.1
	花粉俱乐部(华为手机官方论坛)	22	5.6
	三星手机官方论坛	13	3.3

第二节 信度和效度分析

一、信度分析

本研究通过信度分析来检验量表的一致性。研究采用了 SPSS17.0 中的可靠性分析对量表的信度进行衡量，并使用 Cronbach's alpha 值来衡量量表中各变量的信度。在传统研究中，一直认为当变量的 Cronbach's alpha 值大于 0.8 时，表明变量对应的量表具有良好的信度。本研究对整体的量表进行信度分析，研究结果如表 6-2 所示：所有变量的 Cronbach's alpha 系数均大于 0.8，表明量表的信度符合要求。

表 6-2 信度分析

序号	变量	Cronbach's alpha
1	认知过程	0.920
2	情感	0.841
3	活跃	0.872
4	实用价值	0.870
5	享乐价值	0.941
6	顾客资产	0.854
7	审美诉求	0.929
8	功能布局	0.897
9	财务安全	0.891

二、效度分析

量表各变量的组合信度均大于 0.6 的标准值，表明组合信度符合要求。本研究使用 AVE 值来验证收敛效度。研究结果显示，测量的所有变量的 AVE 值均大于或接近于 0.5，符合 AVE 值测量的要求，表明量表具有良好的收敛效度。

第三节　服务场景、顾客契合与共创价值的关系分析

本研究使用多元回归分析方法对服务场景、顾客契合和共创价值的关系进行检验，软件采用 SPSS17.0。研究结果如下：审美诉求、功能布局和财务安全对认知过程的标准化回归系数分别为 0.281（Sig. = 0.000 < 0.05）、0.436（Sig. = 0.001 < 0.05）和 0.109（Sig. = 0.057 > 0.05），表明审美诉求和功能布局对认知过程具有显著的影响，而财务安全对认知过程的影响不显著，即假设 4 和假设 7 得到验证，假设 10 未得到验证。审美诉求、功能布局和财务安全对情感的标准化回归系数分别为 0.304（Sig. = 0.000 < 0.05）、0.437（Sig. = 0.00 < 0.05）、0.072（Sig. = 0.217 > 0.05），表明审美诉求和功能布局对情感的影响显著，而财务安全对情感的影响不显著，即假设 5、假设 8 得到验证，假设 11 未能得到验证。审美诉求、功能布局和财务安全对活跃的标准化回归系数分别为 0.154（Sig. = 0.003 < 0.05）、0.227（Sig. = 0.000 < 0.05）、0.470（Sig. = 0.000 < 0.05），表明审美诉求、功能布局和财务安全对活跃均具有显著的影响，即假设 6、假设 9、假设 12 均得到验证。

为了验证顾客契合在服务场景与共创价值关系中的中介效应，本研究使用 SPSS17.0 软件的层次回归分析方法，对顾客契合的三个维度认知过程、情感和活跃的中介效应进行检验。

首先，对于认知过程的中介效应。由于财务安全对认知过程的影响不显著，主要考虑认知过程在审美诉求和功能布局分别与共创价值关系中的中介效应。将审美诉求、功能布局作为自变量，认知过程作为中介变量，共创价值作为因变量，进行回归分析。根据数据分析结果，审美诉求对享乐价值、实用价值、顾客资产的标准化回归系数分别为 0.707（Sig. = 0.000 < 0.05）、0.687（Sig. = 0.000 < 0.05）、0.705（Sig. = 0.000 < 0.05）。将认知过程作为自变量加入回归分析后，审美诉求对享乐价值、经济价值、关系价值的标准化回归系数分别为 0.328（Sig. = 0.000 < 0.05）、0.292（Sig. = 0.000 < 0.05）、0.352（Sig. = 0.000 < 0.05）；同时认知过程对享乐价值、实用价值、顾客资产的标准化回归系数分别为 0.541（Sig. = 0.000 < 0.05）、0.564（Sig. = 0.000 <

0.05)、0.503（Sig. = 0.000 < 0.05）。由于审美诉求对认知过程具有显著的直接影响，同时认知过程对享乐价值、实用价值和顾客资产均具有显著的直接影响。因而，认知过程在审美诉求与共创价值的关系中具有部分中介效应作用，即假设13得到验证。进一步来讲，功能布局对享乐价值、实用价值、顾客资产的标准化回归系数分别为0.705（Sig. = 0.000 < 0.05）、0.745（Sig. = 0.000 < 0.05）、0.701（Sig. = 0.000 < 0.05）。将认知过程作为自变量加入回归分析后，功能布局对享乐价值、实用价值、顾客资产的标准化回归系数分别为0.314（Sig. = 0.000 < 0.05）、0.386（Sig. = 0.000 < 0.05）、0.319（Sig. = 0.000 < 0.05）；同时认知过程对享乐价值、实用价值、顾客资产的标准化回归系数分别为0.536（Sig. = 0.000 < 0.05）、0.480（Sig. = 0.000 < 0.05）、0.511（Sig. = 0.000 < 0.05）。由于功能布局对认知过程具有显著的直接影响，同时认知过程对享乐价值、实用价值和顾客资产均具有显著的直接影响。因而认知过程在功能布局与共创价值的关系中具有部分中介效应作用，即假设14得到验证。由于财务安全对认知过程的影响不显著，认知过程在财务安全与共创价值的关系中不具有中介效应，假设15未得到验证。

其次，对于情感的中介效应。由于财务安全对情感的影响不显著，主要考虑情感在审美诉求和功能布局分别与共创价值关系中的中介效应。将审美诉求、功能布局作为自变量，情感作为中介变量，共创价值作为因变量，进行回归分析。根据数据分析结果，审美诉求对享乐价值、实用价值和顾客资产的标准化回归系数分别为0.707（Sig. = 0.000 < 0.05）、0.687（Sig. = 0.000 < 0.05）、0.705（Sig. = 0.000 < 0.05）。将情感作为自变量加入回归分析后，审美诉求对享乐价值、实用价值和顾客资产的标准化回归系数分别为0.305（Sig. = 0.000 < 0.05）、0.219（Sig. = 0.000 < 0.05）、0.305（Sig. = 0.000 < 0.05）；同时情感对享乐价值、实用价值和顾客资产的标准化回归系数分别为0.667（Sig. = 0.000 < 0.05）、0.520（Sig. = 0.000 < 0.05）、0.571（Sig. = 0.000 < 0.05）。由于审美诉求对情感具有直接的显著影响，情感对享乐价值、实用价值和顾客资产均具有显著的影响作用。因而情感在审美诉求与共创价值的关系中具有部分中介效应作用，即假设16得到验证。功能布局对享乐价值、实用价值和顾客资产的标准化回归系数分别为0.705（Sig. = 0.000 < 0.05）、0.745（Sig. = 0.000 < 0.05）、0.701（Sig. = 0.000 < 0.05）。将情感作为自变

量加入回归分析后,功能布局对享乐价值、实用价值和顾客资产的标准化回归系数分别为 0.219（Sig. = 0.000 < 0.05）、0.427（Sig. = 0.000 < 0.05）、0.270（Sig. = 0.000 < 0.05）；同时情感对享乐价值、实用价值和顾客资产的标准化回归系数分别为 0.675（Sig. = 0.000 < 0.05）、0.432（Sig. = 0.000 < 0.05）、0.586（Sig. = 0.000 < 0.05）。因而,情感在功能布局与共创价值的关系中具有部分中介效应作用,即假设 17 得到验证。由于财务安全对情感的影响不显著,情感在财务安全与共创价值的关系中不具有中介效应,假设 18 未得到验证。

最后,对于活跃的中介效应。由于审美诉求、功能布局和财务安全对活跃均具有显著的影响,需要分析活跃在审美诉求、功能布局和财务安全分别与共创价值关系中的中介效应。将审美诉求、功能布局、财务安全作为自变量,活跃作为中介变量,共创价值作为因变量,进行回归分析。根据数据分析结果,审美诉求对享乐价值、实用价值和顾客资产的标准化回归系数分别为 0.707（Sig. = 0.000 < 0.05）、0.687（Sig. = 0.000 < 0.05）、0.705（Sig. = 0.000 < 0.05）。将活跃作为自变量加入回归分析后,审美诉求对享乐价值、实用价值和顾客资产的标准化回归系数分别为 0.468（Sig. = 0.000 < 0.05）、0.445（Sig. = 0.000 < 0.05）、0.515（Sig. = 0.000 < 0.05）。由于审美诉求对活跃具有显著的直接影响,并且活跃对共创价值具有显著的影响,因此活跃在审美诉求与共创价值的关系中具有部分中介效应作用,即假设 19 得到验证。功能布局对享乐价值、实用价值和顾客资产的标准化回归系数分别为 0.715（Sig. = 0.000 < 0.05）、0.745（Sig. = 0.000 < 0.05）、0.701（Sig. = 0.000 < 0.05）。将活跃作为自变量加入回归分析后,功能布局对享乐价值、实用价值和顾客资产的标准化回归系数分别为 0.482（Sig. = 0.000 < 0.05）、0.563（Sig. = 0.000 < 0.05）、0.521（Sig. = 0.000 < 0.05）。由于功能布局对活跃具有显著的直接影响,并且活跃对共创价值具有显著的影响。因而,活跃在功能布局与共创价值的关系中具有部分中介效应作用,即假设 20 得到验证。财务安全对享乐价值、经济价值、关系价值的标准化回归系数分别为 0.688（Sig. = 0.000 < 0.05）、0.704（Sig. = 0.000 < 0.05）、0.630（Sig. = 0.000 < 0.05）。将活跃作为自变量加入回归分析后,财务安全对享乐价值、经济价值、关系价值的标准化回归系数分别为 0.420（Sig. = 0.000 < 0.05）、0.479（Sig. = 0.000 <

0.05)、0.362（Sig. =0.000 <0.05）。由于财务安全对活跃具有显著的直接影响，并且活跃对共创价值具有显著的影响，因此活跃在财务安全与共创价值的关系中具有部分中介效应作用，即假设21得到验证。

第七章 互动、互动质量与共创价值的关系分析

第一节 描述性统计分析

经预调研后,发放正式问卷。正式调研中,本研究采用问卷星、微信朋友圈链接问卷以及面对面填写等方式,收集有效问卷485份(见表7-1)。

表7-1 描述性统计分析表

项目	分类	样本数	百分比(%)
性别	男	238	49.1
	女	247	50.9
年龄	20岁及以下	362	74.6
	21~30岁	98	20.2
	31~40岁	24	5.0
	40岁以上	1	0.2
受教育程度	高中及以下	70	14.4
	专科	362	74.6
	本科	48	9.9
	硕士研究生	5	1.1
常用平台	iPhone论坛社区	194	40.0
	魅族社区	48	9.9
	OPPO社区	27	5.6
	vivo智能手机V粉社区	113	23.3
	花粉俱乐部(华为手机官方论坛)	82	16.9
	三星手机官方论坛	11	2.3
	其他	10	2.0

第二节 信度和效度分析

一、信度分析

本研究通过信度分析来检验量表的一致性。研究采用了 SPSS17.0 中的可靠性分析对量表的信度进行衡量，并使用 Cronbach's alpha 值来衡量量表中各变量的信度。在传统研究中，一直认为当变量的 Cronbach's alpha 值大于 0.8 时，表明变量对应的量表具有良好的信度。本研究通过对整体的量表进行信度分析，研究结果如表 7-2 所示：顾客与平台的互动的 Cronbach's alpha 值为 0.876；顾客与顾客的互动的 Cronbach's alpha 值为 0.873；顾客与平台的互动质量的 Cronbach's alpha 值为 0.877；顾客与顾客的互动质量的 Cronbach's alpha 值为 0.869；实用价值的 Cronbach's alpha 值为 0.874；享乐价值的 Cronbach's alpha 值为 0.872；顾客资产的 Cronbach's alpha 值为 0.865。根据研究结果发现，所有变量的 Cronbach's alpha 系数均大于 0.8，表明量表的信度符合要求。

表 7-2 信度分析

序号	变量	Cronbach's alpha
1	顾客与平台的互动	0.876
2	顾客与顾客的互动	0.873
3	顾客与平台的互动质量	0.877
4	顾客与顾客的互动质量	0.869
5	实用价值	0.874
6	享乐价值	0.872
7	顾客资产	0.865

二、效度分析

量表各变量的组合信度均大于 0.6 的标准值，表明组合信度符合要求。本研究使用 AVE 值来验证收敛效度。研究结果显示，测量的所有变量的 AVE 值均大于或接近于 0.5，符合 AVE 值测量的要求，表明量表具有良好的收敛效度。

第三节 互动、互动质量与共创价值的关系分析

本研究使用多元回归分析方法对互动、互动质量和共创价值的关系进行检验，软件采用 SPSS17.0（见表 7-3 至表 7-11）。分别以实用价值、享乐价值和顾客资产为因变量，将顾客与平台的互动、顾客与顾客的互动、顾客与平台的互动质量和顾客与顾客的互动质量为自变量，进行多元回归分析。对多元回归分析结果显示，当以实用价值为因变量时，多元回归分析的 R^2 为 0.370，多元回归方程为顾客与顾客的互动、顾客与平台的互动质量、顾客与顾客的互动质量对实用价值的影响均为显著，显著性检验结果分别为 0.000、0.015、0.000，均小于 0.05，符合标准值要求。顾客与平台的互动对实用价值的影响显著。显著性检验为 0.046 < 0.05，符合标准值要求。研究结果表明，顾客与平台的互动、顾客与顾客的互动、顾客与平台的互动质量和顾客与顾客的互动质量均对实用价值产生了积极的影响，即假设 22、假设 25、假设 28、假设 31 得到验证。

表 7-3 互动和互动质量与实用价值关系的 R^2 结果

模型	R	R^2	调整后 R^2	标准估算的误差
1	0.608	0.370	0.365	0.50100

注：自变量：顾客与平台的互动，顾客与顾客的互动，顾客与平台的互动质量，顾客与顾客的互动质量。

表 7-4 互动和互动质量与实用价值关系的 F 值与显著性

模型		平方和	自由度	均方	F	显著性
1	回归	70.791	4	17.698	70.510	0.000
	残差	120.478	480	0.251	—	—
	总计	191.269	484	—	—	—

注：(1) 因变量：实用价值。
(2) 自变量：顾客与平台的互动，顾客与顾客的互动，顾客与平台的互动质量，顾客与顾客的互动质量。

表7-5 互动、互动质量对实用价值的回归分析结果

模型		未标准化系数		标准化系数	t	显著性
		B	标准误差	Beta		
1	（常量）	2.037	0.212	—	9.611	0.000
	FWHD	0.078	0.039	0.095	1.996	0.046
	GKHD	0.197	0.042	0.224	4.726	0.000
	FWZL	0.092	0.038	0.118	2.441	0.015
	GKZL	0.286	0.046	0.301	6.254	0.000

注：(1) 因变量：实用价值。
(2) FWHD 表示顾客与平台的互动，GKHD 表示顾客与顾客的互动，FWZL 表示顾客与平台的互动质量，GKZL 表示顾客与顾客的互动质量。

当以享乐价值为因变量时，多元回归分析的 R^2 为 0.439，多元回归方程为顾客与顾客的互动、顾客与平台的互动、顾客与顾客的互动质量对享乐价值的影响均为显著，显著性检验结果分别为 0.000、0.005、0.000，均小于 0.05，符合标准值要求。这表明顾客与顾客的互动、顾客与平台的互动、顾客与顾客的互动质量均对享乐价值产生了重要的影响作用；顾客与平台的互动质量对享乐价值的影响不显著，显著性检验为 0.285＞0.05，未能达到标准值要求。这表明顾客与平台的互动质量对享乐价值未能产生积极的影响作用。即假设23、假设26、假设32得到验证，假设29得到部分验证。

表7-6 互动和互动质量与享乐价值关系的 R^2 结果

模型	R	R^2	调整后 R^2	标准估算的误差
1	0.662	0.439	0.434	0.48018

注：自变量：顾客与平台的互动，顾客与顾客的互动，顾客与平台的互动质量，顾客与顾客的互动质量。

表7-7 互动和互动质量与享乐价值关系的 F 值与显著性

模型		平方和	自由度	均方	F	显著性
1	回归	86.559	4	21.640	93.853	0.000
	残差	110.675	480	0.231	—	—
	总计	197.234	484	—		

注：(1) 因变量：享乐价值。
(2) 自变量：顾客与平台的互动，顾客与顾客的互动，顾客与平台的互动质量，顾客与顾客的互动质量。

表7-8 互动、互动质量对享乐价值的回归分析结果

模型		未标准化系数		标准化系数	t	显著性
		B	标准误差	Beta		
1	（常量）	1.690	0.203	—	8.316	0.000
	FWHD	0.105	0.038	0.125	2.801	0.005
	GKHD	0.282	0.040	0.315	7.062	0.000
	FWZL	-0.039	0.036	-0.049	-1.071	0.285
	GKZL	0.366	0.044	0.379	8.351	0.000

注：(1) 因变量：享乐价值。

(2) FWHD 表示顾客与平台的互动，GKHD 表示顾客与顾客的互动，FWZL 表示顾客与平台的互动质量，GKZL 表示顾客与顾客的互动质量。

当以顾客资产为因变量时，多元回归分析的 R^2 为 0.475，多元回归方程为顾客与顾客的互动、顾客与平台的互动、顾客与平台的互动质量、顾客与顾客的互动质量对顾客资产的影响均为显著，显著性检验结果分别为 0.013、0.000、0.000、0.000，均小于 0.05，符合标准值要求。这表明顾客与顾客的互动、顾客与平台的互动、顾客与平台的互动质量、顾客与顾客的互动质量均对顾客资产产生了重要的影响。即假设 24、假设 27、假设 30、假设 33 得到验证。

表7-9 互动和互动质量与顾客资产关系的 R^2 结果

模型	R	R^2	调整后 R^2	标准估算的误差
1	0.689	0.475	0.470	0.493114496000000

注：自变量：顾客与平台的互动，顾客与顾客的互动，顾客与平台的互动质量，顾客与顾客的互动质量。

表7-10 互动和互动质量与顾客资产关系的 F 值与显著性

模型		平方和	自由度	均方	F	显著性
1	回归	105.523	4	26.381	108.490	0.000
	残差	116.718	480	0.243	—	—
	总计	222.240	484	—	—	—

注：(1) 因变量：顾客资产。

(2) 自变量：顾客与平台的互动，顾客与顾客的互动，顾客与平台的互动质量，顾客与顾客的互动质量。

表7-11 互动、互动质量对顾客资产的回归分析结果

模型		未标准化系数		标准化系数	t	显著性
		B	标准误差	Beta		
1	（常量）	1.353	0.209	—	6.487	0.000
	FWHD	0.203	0.039	0.228	5.270	0.000
	GKHD	0.102	0.041	0.107	2.480	0.013
	FWZL	0.230	0.037	0.275	6.207	0.000
	GKZL	0.238	0.045	0.232	5.283	0.000

注：(1) 因变量：顾客资产。

(2) FWHD 表示顾客与平台的互动，GKHD 表示顾客与顾客的互动，FWZL 表示顾客与平台的互动质量，GKZL 表示顾客与顾客的互动质量。

第八章 结论与营销启示

第一节 结 论

本书以在线品牌社区为研究背景,在共创价值、服务场景、互动、顾客契合、性别差异等理论基础上构建了顾客契合对共创价值的影响关系模型,以及性别差异对顾客契合与共创价值影响关系的调节;同时构建了服务场景、顾客契合和共创价值的影响关系模型,以及互动、互动质量与共创价值的影响关系模型。通过对在线品牌社区进行问卷调查,对顾客契合与共创价值的影响关系、服务场景通过顾客契合对共创价值的影响关系、性别差异在顾客契合与共创价值关系中的调节效应、互动和互动质量对共创价值的影响进行了验证。本书从理论上丰富了共创价值、服务场景、顾客契合、性别差异等方面的理论研究,为以后的市场营销和共创价值理论的研究提供了研究借鉴;从实践上,为在线品牌社区企业和平台利用服务场景、顾客契合和共创价值进一步提升企业的营销服务、提升顾客的粘性提供了理论参考。

(一)顾客契合与共创价值之间的关系

本研究首先对在线品牌社区中顾客契合与共创价值之间的关系进行了分析,使用多元回归分析方法对顾客契合的三个维度(认知过程、活跃和情感)和共创价值的三个维度进行深入研究。通过研究发现:认知过程分别对实用价值、享乐价值以及顾客资产存在显著的影响;情感对实用价值、享乐价值和顾客资产均产生了积极的影响作用;活跃对实用价值、享乐价值和顾客资产均产生了积极的影响作用。这说明了在网络品牌社区中，顾客契合对共创价值具有显著的影响。顾客对品牌社区的认知、情感和活跃都能积极影响顾客与平台的共创价值。在网络品牌社区中，顾客契合是实现顾客与平台共创价值的重要过程之一，是通过顾客契合而实现对社会资源整合的系统化过程，在价值共创过程中具有重要的作用。与传统的对消费者行为与共创价值的关系的研究相比，本研究顾客契合中的活跃、情感以及认知过程维度既包括了顾客的心理因素，又包括了顾客的行为因素，更为全面地分析了消费者在在线品牌社区中积极的心理和行为与共创价值之间的重要关系。以往的研究主要从顾客价值的层面研究了顾客契合与顾客价值创造之间的影响关系。本书在此基础上，从共创价值的层面深入探究顾客契合与共创价值之间的影响关系，进一步揭示了在线品牌社区中顾客契合对共创价值的重要影响，丰富了顾客契合和共创价值的相关理论研究。

（二）服务场景的影响

根据已有的文献提出网络服务场景可以划分为审美诉求、功能布局和财务安全三个维度，本书借鉴已有的网络服务场景文献，将服务场景划分为审美诉求、功能布局和财务安全三个维度，并进一步对服务场景与顾客契合的关系进行深入研究。本书使用SPSS17.0的多元回归分析方法对服务场景与顾客契合之间的关系进行验证。研究结果表明：服务场景的其中两个维度审美诉求和功能布局对顾客契合的三个维度均具有显著的影响作用；财务安全对认知过程和情感的影响均不显著，但是对活跃具有显著的影响。这表明服务场景的重要维度审美诉求和功能布局能够积极影响顾客的认知、情感和活跃，可以积极促进顾客在在线品牌社区中参与价值共创。财务安全对于认知过程和情感的影响均不显著，但是能积极影响顾客的活跃。这表明顾客对网络财务安全的感知能积极影响顾客的活跃，但是对顾客认知和情感的影响较小。原因在于：顾客在网络品牌社区网站的使用过程中，顾客对网站的认知和情感更多地受到网站的外观设计、网站的有趣性、使用便捷性、商品的价格等因素的影响，而受网站支付安全等因素的影响较小。同时，网络品牌社区中直接的在线交易较少，更多是查看顾客的产品使用体验和意见反馈，顾客的认知和情感受到社区网站财务安全的影响也比较少。

（三）顾客契合的中介效应作用

本书以服务场景、顾客契合和共创价值等理论为基础，进一步通过实证研究分析顾客契合在服务场景与共创价值关系中的中介效应。研究发现：审美诉求和功能布局对顾客契合的三个维度均具有显著的影响作用；财务安全对认知过程和情感的影响均不显著，但是对活跃具有显著的影响。研究还发现：服务场景的三个维度对共创价值的三个维度均具有积极的影响作用。通过层次回归分析法发现：认知过程在审美诉求和功能布局分别与共创价值的关系中具有部分中介效应作用。情感在审美诉求和功能布局分别与共创价值的关系中具有部分中介效应作用。活跃在服务场景的三个维度与共创价值的关系中均具有重要的中介效应作用。通过实证研究，揭示了顾客契合在服务场景与共创价值关系中的重要中介效应作用，同时也揭示了服务场景对共创价值具有积极显著的影响作用。从理论上进一步丰富了共创价值的形成机理研究和影响机制研究，从实践上为在线品牌社区从服务场景和顾客契合的角度提升顾客与平台的共创价值提供了理论借鉴。

（四）互动、互动质量的影响

本书进一步对在线品牌社区中的互动进行了深入研究，并分析了互动、互动质量与共创价值之间的关系。在线品牌社区中的互动可以分为顾客与平台的互动和顾客与顾客的互动，互动质量也分为顾客与平台的互动质量以及顾客与顾客的互动质量。本书通过回归分析方法对互动与共创价值的关系、互动质量与共创价值的直接关系进行深入研究。研究结果显示：顾客与平台的互动和顾客与顾客的互动均对共创价值具有显著的影响。顾客与平台的互动质量对实用价值和顾客资产具有显著的影响，但是顾客与平台的互动质量对享乐价值没有显著的影响作用。原因在于：顾客对于社区平台中愉悦和精神享受的感知主要受到顾客之间互动的频率和质量的影响，同时顾客与顾客的互动是在线品牌社区中最重要的互动方式，受其影响较大；相对而言，顾客感知享乐价值受到顾客与平台互动的频率和质量影响较小。研究还发现：顾客与顾客的互动质量对实用价值、享乐价值和顾客资产具有积极显著的影响作用。这进一步揭示了在在线品牌社区中，顾客对于与其他顾客互动的评价和质量的衡量，对实用价值、享乐价值和顾客资产的实现具有积极的促进作用。

(五) 性别差异的影响

本书将调研的样本分为男性样本和女性样本,并分别分析了男性样本和女性样本中顾客契合与共创价值的关系。研究结果发现:性别差异在顾客契合与实用价值的关系中不具有调节作用;性别差异在顾客契合与享乐价值的关系中调节作用不明显;但是性别差异在顾客契合和顾客资产的关系中具有显著的调节作用。这表明在网络品牌社区中男性顾客和女性顾客在平台社区中获取实用价值和享乐价值都是他们使用平台的目的。对于男性顾客而言,对平台的认知更易于平台积累顾客资源,认知过程对顾客资产的影响更为明显。由于女性顾客受到兴趣爱好、关系的影响更强烈,其对平台的认知对顾客资产的影响相对男性顾客较小。

(六) 顾客粘性的影响

本书通过在线品牌社区的实证研究发现:在线品牌社区中共创价值的三个维度,实用价值、享乐价值和顾客资产均能显著影响顾客粘性。这进一步表明顾客通过品牌社区的价值共创所获取的实用价值和享乐价值能提升顾客对平台的粘性,顾客资产的实现也能进一步提升顾客的忠诚度。

第二节 营销启示

本研究在网络品牌社区背景下,在顾客契合、共创价值、服务场景、互动、性别差异等理论基础上,研究顾客契合与共创价值的关系,服务场景通过顾客契合对共创价值的影响机理、互动和互动质量对共创价值的影响,以及性别差异在顾客契合与共创价值关系中的调节作用,为在线品牌社区进一步提升营销与服务提供了良好的营销启示,具体分析如下:

首先,对于在线品牌社区平台,要进一步重视审美诉求、功能布局和财务安全等服务场景因素的重要性。一方面,在线品牌社区需要加强社区外观设计的完善,提供具有吸引力的内容展示,引起顾客的兴趣,从而吸引顾客选择该在线品牌社区进行关注和使用。通过增进顾客之间的积极互动和评论，提升品牌社区的知名度，更好地满足顾客的需求。另一方面，进一步对网站进行合理的布局，包括加强操作的便利性、网站导航的合理性，同时加强支付安全程序的完善以及网站的安全意识，使在线品牌社区服务场景在顾客与平台的共创价值中发挥积极作用。

其次，要重视和促成在线品牌社区中的顾客契合，通过社区网站的审美诉求、功能布局等服务场景因素，进一步提升顾客对社区平台的认知、情感和活跃，为更好地实现顾客与网站共创价值提供有效支持；使在线品牌社区中的顾客通过有效形成顾客契合，从而更好地实现共创价值。研究结果表明，顾客契合是顾客与平台共创价值的重要影响因素，并且是服务场景与共创价值之间关系的重要的中介因素。因此在线品牌社区不仅需要了解顾客对于在线品牌社区中的服务的满意度，还要充分根据顾客的反馈和参与情况进一步改进品牌社区企业的产品和服务，促进顾客对在线品牌社区的良好感知；还需要完善社区的环境、优化网站布局，吸引顾客的参与，提升顾客对在线品牌社区的情感和积极行为。

再次，在线品牌社区网站需要创造良好的社区平台环境，提升网站的互动功能，从而提升顾客与平台的互动以及顾客与顾客之间的互动。由于顾客与平台的互动和顾客与顾客的互动都对共创价值具有重要的影响作用，激发顾客参与互动的积极性能帮助平台企业更好地实现顾客需要的实用价值和享乐价值。同时，在线品牌社区需要重视顾客之间互动的质量和评价，通过丰富和完善在线服务、丰富板块服务内容，提升顾客与顾客的互动质量，从而有效促进顾客与平台共创价值的实现。对于在线品牌社区而言，需要不断重视平台中的顾客间互动和顾客体验。社区平台要保证网站的稳定和快捷的使用效率，使顾客能够在平台中进行顺畅、持续的互动交流；不断增添平台的兴趣板块，吸引更多对板块内容感兴趣的新顾客加入平台，通过兴趣话题促进顾客的互动交流，从而使顾客注入更多的信息和情感资源；不断提升交流和交友等功能，推进顾客在平台中积累好友群，拓展自身网络社交关系。

最后，在线品牌社区需要关注性别差异对共创价值实现的积极影响。充分了解不同性别的顾客的需求和偏好，能进一步帮助在线品牌社区积累良好的顾客资源。对于进一步提升顾客对在线品牌社区平台的粘性，具有积极的促进作用。

第三节　局限性与未来研究方向

本研究具有一定的局限性。研究只选取了顾客契合、服务场景、互动、互动质量和性别差异等影响因素进行了分析，侧重于前因的研究。而对于其他因素例如心理所有权、顾客授权、关系质量等因素对共创价值的影响还没有做出相关的研究。而对于共创价值的结果研究，本书仅分析了共创价值对于顾客粘性的影响，对于共创价值与品牌关系、顾客情感等因素的影响未能深入研究。同时，本研究采用苹果社区、华为社区、魅族社区和小米社区等手机品牌社区作为研究对象，对于B2C电子商务网站、直播网站等网络平台未进行相关研究，模型中构建的影响关系是否适用于其他行业还有待进一步研究。另外，对于线下的品牌社区或其他情景是否适用还有待验证。除此之外，在样本的选择上大多来自北京地区，而在其他地区是否会得到一样的结果也有待商榷。

未来的研究可以进一步对其他研究场景进行深入研究，例如电子商务网站、社交网站中的共创价值，同时可以对共创价值的其他影响因素进行进一步的分析，如心理所有权。在方法上，可以采用质性研究方法以使结果更为客观可信。在采样上可以采用对多个城市进行调研，增加其普适性。

参考文献

[1] A Bhattacherjee. Understanding information systems continuance: an expectation – confirmation model [J]. MIS Quarterly, 2001, 25 (3): 351 – 370.

[2] A Pansari, V Kumar. Customer engagement: the construct, antecedents, and consequences [J]. Journal of the Academy of Marketing Science, 2017 (45): 294 – 311.

[3] Achim Walter, Thilo A Müller, Gabriele Helfert, et al. Functions of industrial supplier relationships and their impact on relationship quality [J]. Industrial Marketing Management, 2003, 32 (2): 159 – 169.

[4] Acitellis L A. Knowing when to shut up: Do relationship reflections help or hurt relationship satisfaction? [M]. New York: Taylor and Francis Group, 2008.

[5] Adjei M, Noble S, Noble C. The influence of C2C communications in online brand communities on customer purchase behavior [J]. Journal of the Academy of Marketing Science, 2010, 38 (5): 634 – 653.

[6] Aiste Dovaliene, Akvile Masiulyte, Zaneta Piligrimiene. The relations between customer engagement, perceived value and satisfaction: the case of mobile applications [J]. Procedia – Social and Behavioral Sciences, 2015 (213): 659 – 664.

[7] An Yan, Juanjuan Chen. A Brand Equity Driving Model Based on Interaction Quality [J]. International Conference on Humanities and Social Science Research, 2015 (9): 224 – 229.

[8] Arcand S, PromTep I, Brun L, et al. Mobile banking service quality and customer relationships [J]. Int. J. Bank Mark., 2017, 35 (7): 1066 – 1087.

[9] Arndt Johan. Role of Product – Related Conversations in the Diffusion of a New Product [J]. Journal of Marketing Research, 1967, 4 (3): 291 – 295.

[10] Arnould E J, Price L L, Tierney P. Communicative staging of the winderness servicescape [J]. Service Industry Journal, 1988, 18 (3): 90 – 115.

[11] Arnould E, Price L L, Tierney P. Communicative staging of the wilderness servicescape [J]. Service Industries Journal, 1998 (18): 90 – 115.

[12] Ballantyne D, Varey R J. Creating value – in – use through marketing interaction: the exchange logic of relating, communicating and knowing [J]. Mark Theory, 2006, 6 (3): 335 – 348.

[13] Barak Libai, Ruth Bolton, Marnix Bügel, et al. Customer – to – Customer Interactions: Broadening the Scope of Word of Mouth Research [J]. Journal of Service Research, 2010, 13 (3): 267 – 282.

[14] Barreda A A, Bilgihan A, Nusair K, et al. Generating brand awareness in online social networks [J]. Computers in Human Behavior, 2015, 50 (1): 600 – 609.

[15] Beomjoon Choi. The effects of three customer – to – customer interaction quality types on customer experience quality and citizenship behavior in mass [J]. Journal of Services Marketing, 2016, 30 (4): 384 – 397.

[16] Berger, Chip Heath. Who Drives Divergence? Identity – Signaling, Outgroup Dissimilarity, and the Abandonment of Cultural Tastes [J]. Journal of Personality and Social Psychology, 2008, 95 (3): 593 – 607.

[17] Berry L L, Wall E A, Carbone L P. Service clues and customer assessment of the service experience: lessons from marketing [J]. Academy of Management Perspectives, 2006, 20 (2): 43 – 57.

[18] Bharti K, Agrawal R, Sharma V. Value co – creation literature review and proposed conceptual framework [J]. International Journal of Market Research, 2015, 57 (4): 571 – 603.

[19] Bikhchandani, Sushil, David Hirshleifer, et al. A Theory of Fads, Custom and Cultural Change as Informational Cascades [J]. Journal of Political Economy, 1992, 100 (5): 992 – 1026.

[20] Bitner M J. Servicescapes: The Impact of Physical Surroundings on Customers and Employee [J]. Journal of Marketing, 1992, 56 (2): 57 – 71.

[21] Bitner M. Evaluating Service Encounters: The Effects of Physical Surroundings and Employee Responses [J]. The Journal of Marketing, 1990, 54 (2): 69 – 82.

[22] Boneva B, Kraut R, Frohlich D. Using E – mail for personal relationships: the difference gender makes [J]. American Behavioral Scientist, 2001, 45 (3): 530 – 549.

[23] Bowden J L H. The process of consumer engagement: a conceptual framework [J]. Journal of Marketing Theory and Practice, 2009, 17 (1): 63 – 74.

[24] Bradley B. Two concepts of intrinsic value [J]. Ethical Theory and Moral Practice, 2006, 9 (2): 111 – 130.

[25] Brady, Michael K, J Joseph Cronin. Some New Thoughts on Conceptualizing Perceived Service Quality: A Hierarchical Approach [J]. Journal of Marketing, 2001 (65): 34 – 49.

[26] Breda C. Les déterminants individuels de la fidélité dans le cadre d'une consommation expérientielle [D]. Université de Savoie, 2004.

[27] Brodie J R, Hollebeek L, Juric B, et al. Consumer engagement: conceptual domain, fundamental propositions and implications for research [J]. Journal of Service Research, 2011, 14 (3): 252 – 271.

[28] Brodie J R, Ilic A, Juric B, et al. Consumer engagement in a virtual brand community: an exploratory research [J]. Journal of Business Research, 2011, 66 (1), 105 – 114.

[29] Brodie R J, Ilic A, Juric B, et al. Consumer engagement in a virtual brand community: An exploratory analysis [J]. Journal of Business Research, 2013, 66 (1): 105 – 114.

[30] Brown D E. Human universals, human nature & human culture [J]. Daedalus, 2004, 133 (4): 47 – 54.

[31] Bruhn M, Schnebelen S, Schafer D. Antecedents and consequences of the quality of e – customer – to – customer interactions in B2B brand communities [J]. Industrial Marketing Management, 2014, 43 (1): 164 – 176.

[32] Buss D M. The evolution of human intrasexual competition: tactics of mate attraction [J]. Personal. Soc. Psychol., 1988, 54 (4): 616 – 628.

[33] Buss D M. Toward a biologically informed psychology of personality [J]. Personal, 1990, 58: 1 – 16.

[34] Capece G, Costa R. The new neighbourhood in the internet era: network communities serving local communities [J]. Behaviour & Information Technology, 2013, 32 (5): 438 – 448.

[35] Carpenter S L. Self – relevance and goal – directed processing in the recall and weighting of information about others [J]. J. Exp. Soc. Psychol., 1988, 24 (4): 310 – 332.

[36] Casaló L V, Flavián C, Guinalíu M. Promoting consumer's participation in virtual brand communities: a new paradigm in branding strategy [J]. Journal of Marketing Communications, 2008, 14 (1): 19 – 36.

[37] Casaló L V, Flavián C, Guinalíu M. Relationship quality, community promotion and brand loyalty in virtual communities: Evidence from free software communities [J]. International

Journal of Information Management, 2010 (30): 357 – 367.

[38] Chan K W, Yim C K, Lam S S. Is customer participation in value creation a double – edged sword? Evidence from professional financial services across cultures [J]. Journal of Marketing, 2010, 74 (3): 48 – 64.

[39] Chandon J, Leo P, Philippe J. Service encounter dimensions – a dyadic perspective: measuring the dimensions of service encounters as perceived by customers and personnel [J]. International Journal of Service Industry Management, 1997, 8 (1): 65 – 86.

[40] Chang K C. Effect of servicescape on customer behavioral intentions: moderating roles of service climate and employee engagement [J]. Int. J. Hosp. Manage., 2016 (53): 116 – 128.

[41] Chathoth P, Altinay L, Harrington R J, et al. Co – production versus co – creation: a process based continuum in the hotel service context [J]. International Journal of Hospitality Management, 2013 (32): 11 – 20.

[42] Chen C F, Chen F S. Experience quality, perceived value, satisfaction and behavioral intentions for heritage tourists [J]. Tourism Management, 2010, 31 (1): 29 – 35.

[43] Chen C F, Tsai M H. Perceived value, satisfaction, and loyalty of TV travel product shopping: involvement as a moderator [J]. Tourism Management, 2008, 29 (6): 1166 – 1171.

[44] Chen C F, Wang J P. Customer participation, value co – creation and customer loyalty: A case of airline online check – in system [J]. Computers in Human Behavior, 2016, 62: 346 – 352.

[45] Chen Y H, Chen S H, Wu J J, et al. Tsai Impact of signals and experience on trust and trusting behavior Cyber psychology [J]. Behavior and Social Networking, 2010, 13 (5): 539 – 546.

[46] Cheney P M, Dickson G W. Organizational characteristics and information systems: an exploratory investigation [J]. Academy of Management Journal, 1982, 25 (1): 170 – 184.

[47] Chesbrough H. Open innovation: the new imperative for creating and profiting from technology [M]. Boston: Harvard Business School Press, 2003.

[48] Cheung C M K, Shen X L, Lee Z W Y, et al. Promoting sales of online games through customer engagement [J]. Electronic Commerce Research and Applications, 2015 (14): 241 – 250.

[49] Chiang H S, Hsiao K L. YouTube stickiness: the needs, personal, and environmental per-

spective [J]. Internet Res. , 2015, 25 (1): 85 – 106.

[50] Chin W S, Chang F W. The effect of consumer – to – consumer interactions on idea generation in virtual brand community relationships [J]. Technovation, 2010, 30 (4): 238 – 248.

[51] Chiu C M, Lin H Y, Sun S Y, et al. Understanding customers' loyalty intentions toward online shopping: An integration of Technology Acceptance Model and Fairness Theory [J]. Behavior and Information Technology, 2009, 28 (4): 347 – 360.

[52] ChiuH, Hsieh Y, Li Y. Relationship marketing and consumer switching behavior [J]. Journal of Business Research, 2005, 58 (12): 1681 – 1689.

[53] Choi B J, Kim H S. The impact of outcome quality, interaction quality, and peer – to – peer quality on customer satisfaction with a hospital service [J]. Manag Serv Qual Int, 2013, 23 (3): 188 – 204.

[54] Chung – Tzer Liu, Yi Maggie Guo, Chia – Hui Lee. The effects of relationship quality and switching barriers on customer loyalty [J]. International Journal of Information Management, 2011 (31): 71 – 79.

[55] Clark M S, Fitness J, Brissette I. Understanding people's perceptions of relationships is crucial to understanding their emotional lives [M]. London: Blackwell, 2001.

[56] Clark M S, Mills J, Powell M C. Keeping track of needs in communal and exchange relationships [J]. Journal of Personality and Social Psychology, 1986 (51): 333 – 338.

[57] Collins J, Baer B, Weber E J. Sexual selection, conspicuous consumption and economic growth [J]. J. Bioecon. , 2015 (17): 189 – 206.

[58] Coursaris C K, Sung J. Antecedents and consequents of a mobile website's interactivity [J]. New Media & Society, 2012, 14 (7): 1128 – 1146.

[59] Crosby L R, Evans K R, Cowles D. Relationship quality in services selling: an interpersonal influence perspective [J]. J. Mark. , 1990, 54 (3): 68 – 81.

[60] Crosby, Lawrence A, Evans, et al. Relationship quality in services selling: an interpersonal influence perspective [J]. Journal of Marketing, 1990, 54 (3): 68 – 81.

[61] Cross S E, Madson L. Models of the self: self – construals and gender [J]. Psychol. Bull, 1997, 122 (1): 5 – 37.

[62] C Trepper. E – commerce Strategies Microsoft Press [M]. Washington, DC, 2000.

[63] Dabholkar P A, Bagozzi R P. An attitudinal model of technology – based self – service: moderating effects of consumer traits and situational factors [J]. Journal of the Academy of Marketing Science, 2002, 30 (3): 184 – 201.

[64] Daniel Belanche, Luis V Casaló, Miguel Guinalíua. Website usability, consumer satisfaction and the intention to use a website: The moderating effect of perceived risk [J]. Journal of Retailing and Consumer Services, 2012, 19 (1): 124 – 132.

[65] David F D. Perceived usefulness, perceived ease of use, and end user acceptance of information technology [J]. MIS Quarterly, 1989, 13 (9): 319 – 340.

[66] De Valck K, Bruggen G H V, Wierenga B. Virtual Communities: A Marketing Perspective [J]. Online Communities and Social Network, 2009, 47 (3): 185 – 203.

[67] Deloitte L. Global powers of retailing 2013: Retail beyond [M]. Doloitte Global Services Limited. UK: London, 2011.

[68] Deshpande R. Paradigms Lost: On Theory and Method in Research in Marketing [J]. Journal of Marketing, 1983, 47 (7): 101 – 110.

[69] Devaraj S, Fan M, Kohli R. Antecedents of B2C channel satisfaction and preference: validating e – commerce metrics [J]. Informaton Systems Research, 2002, 13 (3): 316 – 333.

[70] DeWulf, G Odekerken – Schröder, D Iacobucci. Investments in consumer relationships: a cross – country and cross – industry exploration [J]. J. Mark., 2001 (65): 33 – 50.

[71] Doll W J, Torkzadeh G. The measurement of end – user computing satisfaction: theoretical and methodological issues [J]. MIS Quaterly, 1991 (15): 5 – 10.

[72] Doney P M, Barry J, Abratt R. Trust determinants and outcomes in global B2B services [J]. Eur. J. Market., 2007, 41 (9/10): 1096 – 1116.

[73] Doney P M, Cannon J P. An Examination of the Nature of Trust in Buyer – seller Relationships [J]. Journal of Marketing, 1997 (61): 35.

[74] Dong Hong Zhu, Hui Sun, Ya Ping Chang. Effect of social support on customer satisfaction and citizenship behavior in online brand communities: The moderating role of support source [J]. Journal of Retailing and Consumer Services, 2010 (31): 287 – 293.

[75] Dong P, Siu Y M. Servicescape elements, customer predispositions and service experience: The case of theme park visitors [J]. Tour. Manage., 2013 (36): 541 – 551.

[76] Doorn V, Lemon N, Mittal V, et al. Customer engagement behaviour: theoretical foundations and research directions [J]. J. Serv. Res., 2010, 13 (1): 253 – 266.

[77] Dubelaar C, Leong M, Alpert F. Impact of interactivity on the stickiness of online gift stores [J]. Journal of Asia Pacific Marketing, 2003, 2 (2): 22 – 41.

[78] Durna, B B Dedeoglu, S Balikçioglu. The role of servicescape and image perceptions of customers on behavioral intentions in the hotel industry [J]. Int. J. Contemp. Hosp. Man-

age. , 2015, 27 (7): 1728 – 1748.

[79] Dush C M K, Amato P R. Consequences of relationship status and quality for subjective well – being [J]. Journal of Personal and Social Relationships, 2005, 22 (5): 607 – 627.

[80] Dwyer F, Robert, Oh Sejo. Output Sector Munificence Effects on the Internal Political Economy of Marketing Channels [J]. Journal of Marketing Research, 1987, 24 (4): 347 – 358.

[81] Eagly A H, Wood W, Diekman A B. Social role theory of sex differences and similarities: a current appraisal [J]. Dev. Soc. Psychol. Gend. , 2000: 123 – 174.

[82] Elliot S, Li G, Choi C. Understanding service quality in a virtual travel community environment [J]. Journal of Business Research, 2013, 66 (8): 1153 – 1160.

[83] Enz M G, Lambert D M. Using cross – functional, cross – firmteamsto co – create value: The role of financial measures [J]. Industrial Marketing Management, 2012, 41 (3): 495 – 507.

[84] Etgar M. A descriptive model of the consumer co – production process [J]. Journal of the Academy of Marketing Science, 2008, 36 (1): 97 – 108.

[85] Fisher H E. The First Sex: The Natural Talents of Women and How They Will Change the World [M]. New York, 1999.

[86] Fournier S, Avery J. The uninvited brand [J]. Business Horizons, 2011 (54): 193 – 207.

[87] Francisco José, Cossío Silva, et al. Value co – creation and customer loyalty [J]. Journal of Business Research, 2016 (69): 1621 – 1625.

[88] Fuller J, Jawecki G, Muhlbacher H. Innovation creation by online basket – ball communities [J]. Journal of Business Research, 2007, 60 (1): 60 – 71.

[89] Furner C P, Racherla P, Babb J S. Mobile app stickiness (MASS) & mobile interactivity: A conceptual model [J]. The Marketing Review, 2015, 14 (2): 163 – 188.

[90] Gabriel S, Gardner W L. Are there "his" and "hers" types of interdependence? The implications of gender differences in collective versus relational interdependence for affect, behavior and cognition [J]. Gardner J. Personal. Soc. Psychol. , 1999 (77): 642 – 655.

[91] Garbarino M S, Johnson. The different roles of satisfaction, trust, and commitment in customer relationships [J]. Journal of Marketing, 1999, 63 (2): 70 – 87.

[92] Gaur S, Xu Y, Quazi A, et al. Relational impact of service providers' interaction behavior in healthcare [J]. Manag Serv Qual Int J, 2011, 21 (1): 67 – 87.

[93] Gefen D, Ridings C M. If you spoke as she does, sir, instead of the way you do: a sociolinguistics perspective of gender differences in virtual communities [J]. SIGMIS Database, 2005, 36 (2): 78 -92.

[94] Gilboa S, Rafaeli A. Store environment, motions and approach behaviour: applying environmental aesthetics to retailing [J]. Int. Rev. Retail., Distrib. Consum. Res., 2013 (13): 195 -211.

[95] Goodwin C, Gremler D. Friendship over the counter: how social aspects of service encounters influence consumer service loyalty [J]. Advances in Services Marketing and Management, 1996 (5): 247 -282.

[96] Gordon I. Relationship Marketing: New Strategies, Techniques and Technologies to Win Customers you Want and Keep them Forever [M]. New York, 1998.

[97] Grégoire R Fisher. The effects of relationship quality on customer retaliation [J]. Mark. Lett., 2006, 17 (1): 31 -46.

[98] Grewal D, Baker J, Levy M, et al. The effects of wait expectations and store atmosphere evaluations on patronage intentions in service - intensive retail stores [J]. J. Retail, 2003, 79: 259 -268.

[99] Grönroos C, Voima P. Critical service logic: making sense of value creation and co - creation [J]. J Acad Mark Sci, 2013, 41 (2): 133 -150.

[100] Grönroos C. A Service Quality Model and its Marketing Implications [J]. European Journal of Marketing, 1984, 18 (4): 36 -44.

[101] Grönroos C. An Applied Service Marketing Theory [J]. European Journal of Marketing, 1982, 16 (7): 30 -41.

[102] Grönroos C. Service logic revisited: Who creates value? and who co - creates? [J]. European Business Review, 2008, 20 (4): 298 -314.

[103] Grönroos C. A service perspective on business relationships: the value creation, interaction and marketing interface [J]. Industrial Marketing Management, 2011, 40 (2): 240 -247.

[104] Grönroos C. Service logic revisited: Who creates value? And who co - creates? [J]. European Business Review, 2008, 20 (4): 298 -314.

[105] Grönroos. Value co - creation in service logic: A critical analysis [J]. Marketing Theory, 2011, 11 (3): 279 -301.

[106] Gummerus J, Grönroos C. The service revolution and its marketing implications: Service logic vs service - dominant logic [J]. Managing Service Quality, 2014, 24 (3):

206-229.

[107] Gummesson E. Exit services marketing – enter service marketing [J]. Journal of Customer Behaviour, 2007, 6 (2): 113-141.

[108] Gustafsson, M D Johnson, I Roos. The effects of customer satisfaction, relationship commitment dimensions, and triggers on customer retention [J]. Journal of Marketing, 2005, 69 (4): 210-218.

[109] Ha Louisa, Lincoln James. Interactivity Reexamined: A Baseline Analysis of Early Business Web Sites [J]. Journal of Broadcasting & Electronic Media, 1998, 42 (4): 457-474.

[110] HALLOWELL R. The relationships of customer satisfaction, customer loyalty, and profitability: an empirical study [J]. International Journal of Service Industry Management, 1996, 7 (4): 27-42.

[111] Han B O, Windsor J. User's willingness to pay on social network sites [J]. Journal of Computer Information Systems, 2011, 51 (4): 31-40.

[112] Hanna K, Natasha F V, Nicole E, et al. Why men and women continue to use social networking sites: The role of gender differences [J]. Journal of Strategic Information Systems, 2017 (26): 261-284.

[113] Han. Effects of in-flight ambience and space/function on air travelers' decision to select a low-cost airline [J]. Tourism Manag., 2013 (37): 125-135.

[114] Hedhli K E, Zourrig H, Chebat J. Shopping well-being: is it just a matter of pleasure or doing the task? The role of shopper's gender and self-congruity [J]. Journal of Retaing and Consumer Services, 2016 (31): 1-13.

[115] Heeter, Carrie. Implications of New Interactive Technologies for Conceptualizing Communication [C] //Media Use in the Information Age: Emerging Patterns of Adoption and Computer Use. New Jersey: Lawrence Erlbaum Associates, 1989: 217-235.

[116] Heijden H. User acceptance of hedonic information systems [J]. MIS Q., 2004, 28 (4): 695-704.

[117] Heinonnen K, et al. A customer dominant logic of service [J]. Journal of Service Management, 2010, 21 (4): 531-548.

[118] Hennig-Thurau, A Klee. The impact of customer satisfaction and relationship quality on customer retention: a critical reassessment and model development [J]. Psychol. Market., 1997, 14 (8): 737-764.

[119] Holbrook M B. Introduction to customer value [M]. New York: Routledge, 1999.

[120] Hollebeek L. Demystifying Customer Brand Engagement: Exploring the Loyalty Nexus [J]. Journal of Marketing Management, 2011, 27 (7): 785 – 807.

[121] Holmlund, Maria. The D & D Model: Dimensions and Domains of Relationship Quality Perceptions [J]. Service Industries Journal, 2001, 21 (3): 13 – 36.

[122] Hsieh Y, Hiang S. A study of the impact of service quality on relationship quality in search – experience – credence services [J]. Total Quality Management, 2004, 15 (1): 43 – 58.

[123] Hsu C L, Liao Y C. Exploring the linkages between perceived information accessibility and microblog stickiness: The moderating role of a sense of community [J]. Information & Management, 2014 (51): 833 – 844.

[124] Hsu C L, Lin C C. Effect of perceived value and social influences on mobile app stickiness and in – app purchase intention [J]. Technological Forecasting and Social Change, 2016 (108): 42 – 53.

[125] Huang J, Hsu C H C. Interaction among fellow cruise passengers: Diverse experiences and impacts [J]. Journal of Travel & Tourism Marketing, 2009, 26 (5 – 6): 547 – 567.

[126] Iacobucci D, Ostrom A. Gender differences in the impact of core and relational aspects of services on the evaluation of service encounters [J]. Journal of Consumer Psychology, 1993 (2): 257 – 286.

[127] Imona Silvana, Marginean. Loyalty programs: how to measure customer loyalty? [J]. Contemp Econpolicy, 2016 (1).

[128] Isa N F, Rosli N A, Hakim F, et al. Impact of web and digital experience on the stickiness of third party hotel website [J]. Tourism Hospitality Culinary Arts, 2017, 9 (2): 399 – 410.

[129] Ishaq M I, Hussain N M, Asim A I, et al. Brand Equity in the Pakistani Hotel Industry [J]. RAE – Revista de Administração de Empresas, 2014, 54 (3): 284.

[130] Ishaq M I. An empirical investigation of customer satisfaction and behavioral responses in pakistani banking sector [J]. Management & Marketing, 2011, 6 (3).

[131] Ives B, Olson M H, Baroudi J J. The measurement of user information satisfaction [J]. Communcation of the ACM, 1983 (26): 785 – 793.

[132] J C C Lin. Online stickiness: its antecedents and effect on purchasing intention [J]. Behav. Inf. Technol. , 2007, 26 (6): 507 – 516.

[133] Jaakkola E, Alexander M. The Role of Customer Engagement Behavior in Value Co-Creation: A Service System Perspective [J]. Journal of Service Research, 2014, 17 (3): 247-261.

[134] Jackson V, Stoel L, Brantley A. Mall attributes and shopping value: differences by gender and generational cohort [J]. Retail. Consum. Serv., 2011 (18): 1-9.

[135] Jamel A, Naser K. Customer satisfaction and retail banking: an assessment of some of the key antecedents of customer satisfaction in retail banking [J]. International Journal of Bank Marketing, 2002, 20 (4-5): 146-160.

[136] James A Busser, Lenna V Shulga. Co-created value: Multidimensional scale and nomological network [J]. Tourism Management, 2018 (65): 69-86.

[137] Jamid Ul Islam, Zillur Rahman. The impact of online brand community characteristics on customer engagement: An application of Stimulus-Organism-Response paradigm [J]. Telematics and Informatics, 2017 (34): 96-109.

[138] Jang H Y, Olfman L, Ko I S, et al. The influence of on-line brand community characteristics on community commitment and brand loyalty [J]. International Journal of Electronic Commerce, 2007, 12 (3): 57-80.

[139] Jap S D, Shankar G. Control Mechanisms and Relationship Life Cycle: Implications for Safeguarding Specific Investments and Developing Commitment [J]. Journal of Marketing Research, 2000, 37 (2): 227-245.

[140] Johnson, Jean L. Strategic Integration in Industrial Distribution Channels: Managing the Interfirm Relationship as a Strategic Asset [J]. Journal of the Academy of Marketing Science, 1999, 27 (1): 4-18.

[141] Kabadayi S, Gupta S. Website loyalty: an empirical investigation of its antecedents [J]. Int. J. Internet Mark. Advert., 2005 (2): 321-345.

[142] Karjaluoto H, Cruz P, Barretto L, et al. Mobile banking rollout in emerging markets: Evidence from Brazil [J]. Int. J. Bank Mark, 2010, 28: 342-371.

[143] Kauppinen-Räisänen, A Rindell, C Åberg. Conveying conscientiousness: exploring environmental images across servicescapes [J]. J. Retailing Consum. Serv., 2014, 21 (4): 520-528.

[144] Khalifa M, Liu V. Determinants of satisfaction at different adoption stages of Internet-based services [J]. Journal of AIS, 2003, 4 (5): 206-232.

[145] Kim B, Han I. What drives the adoption of mobile data services? An approach from a value

perspective [J]. J. Inf. Technol. , 2009, 24 (1): 35-45.

[146] Kim D J, Hwang Y. A study of mobile internet user's service quality perceptions from a user's utilitarian and hedonic value tendency perspectives [J]. Inf. Syst. Front. , 2012, 14 (2): 409-421.

[147] Kim J, Jin B, Swinney J L. The role of etail quality, e–satisfaction and e–trust in online loyalty development process [J]. Journal of Retailing and Consumer Services, 2009, 16 (4): 239-247.

[148] Kim S S, Malhotra N K. A longitudinal model of continued IS use: an integrative view of four mechanisms underlying postadoption phenomena [J]. Manag. Sci. , 2005 (51): 741-755.

[149] Kim S, Park H. Effects of various characteristics of social commerce (s–commerce) on consumers' trust and trust performance [J]. International Journal of Information Management, 2013, 33 (2): 318-332.

[150] Kiousis S. Broadening the boundaries of interactivity: A concept explication Annual conference association for education in journalism and mass communication [M]. New Orleans, LA, 1999.

[151] Klenke K. Construct measurement in management information systems: A review and critique of user satisfaction and user involvement instruments [J]. Information Systems and Operations Research, 1992, 30 (4): 325-348.

[152] Kozinets R. The field behind the screen: using netnography for marketing research in online communities [J]. Journal of Marketing Research, 2002, 39 (1): 61-72.

[153] Kumar N, Steenkamp S J B E M. The Effects of Supplier Fairness on Vulnerable Resellers [J]. Journal of Marketing Research, 1995, 32 (1): 54-65.

[154] Kumar V, Aksoy L, Donkers B, et al. Undervalued or Overvalued Customers: Capturing Total Customer Engagement Value [J]. Journal of Service Research, 2010, 13 (3): 297-310.

[155] Kuo Y K, Feng L H. Relationships among community interaction characteristics, perceived benefits, community commitment, and oppositional brand loyalty in online brand communities [J]. International Journal of Information Management, 2013 (33): 948-962.

[156] Kurniawan S. Modeling online retailer customer preference and stickiness: A mediated structural equation model [J]. Proceedings of the Fourth Pacific Asia Conference on Information Systems, 2000: 238-252.

[157] Kuvykaite R, Piligrimiene Z. Consumer engagement into brand equity creation [J]. Procedia – Social and Behavioral Sciences, 2014, 156 (11): 479–483.

[158] Kyuseon Parka, Jin–WooParkb. The effects of the servicescape of airport transfer amenities on the behavioral intentions of transfer passengers: A case study on Incheon International Airport [J]. Journal of Air Transport Management, 2018 (72): 68–76.

[159] Lages C, Lages C R, Lages L F. The RELQUAL scale: a measure of relationship quality in export market ventures [J]. Journal of Business Research, 2005, 58 (8): 1040–1048.

[160] Lanier C, Hampton R. Consumer participation and experiential marketing: Understanding the relationship between co–creation and the fantasy life cycle [J]. Advance in consumer research, 2008 (35): 44–48.

[161] Larcker D, Lessig V P. Perceived usefulness of information: a psychometric examination [J]. Decis. Sci., 1980, 11 (1): 121–134.

[162] Laurence Dessart, Cleopatra Veloutsou, Anna Morgan–Thomas. Consumer engagement in online brand communities: a social media perspective [J]. Journal of Product & Brand Management, 2015, 24 (1): 28–42.

[163] Lee T. The impact of perceptions of interactivity on customer trust and transaction intentions in mobile commerce [J]. Journal of Electronic Commerce Research, 2005, 6 (3): 165–180.

[164] Lehtinen U, Lehtinen J R. Two approaches to service quality dimensions [J]. Serv Ind J, 1991, 11 (3): 287–303.

[165] Lemke F, Clark M, Wilson H. Customer experience quality: an exploration in business and consumer contexts using repertory grid technique [J]. Journal of the Academy of Marketing Science, 2011, 39 (6): 846–869.

[166] Lemke F, Clark M, Wilson H. Customer experience quality: an exploration in business and consumer contexts using repertory grid technique [J]. J Acad Mark Sci, 2011, 39 (6): 846–869.

[167] Li D, Browne G J, Wetherbe J C. Why do internet users stick with a specific website? A relationship perspective [J]. Int. J. Electron. Commerce, 2006, 10 (4): 105–141.

[168] LI Dahui, BROWNE G J, WETHERBE J C. Why do Internet users stick with a specific Web site? a relationship perspective [J]. International Journal of Electronic Commerce, 2006, 10 (4): 105–141.

[169] Liao C, Chen J L, Yen D C. Theory of Planned Behavior (TPB) and customer satisfaction

in the continued use of e-service: an integrative model [J]. Computers in Human Behavior, 2007, 23 (6): 2804-2822.

[170] Lien C H, Cao Y, Zhou X. Service quality, satisfaction, stickiness, and usage intentions: an exploratory evaluation in the context of WeChat services [J]. Comput. Human Behav., 2017 (68): 403-410.

[171] Liljander, Veronica, Strandvik, Tore. The nature of customer relationships in services [A] //Advances in services marketing and management. London: JAI Press Inc., 1995: 141-167.

[172] Lin C, Wu S, Tsai R. Integrating perceived playfulness into expectation-confirmation model for web portal context [J]. Information & Management, 2005, 42 (5): 683-693.

[173] LIN CC, WU H Y, CHANG Y F. The critical factors impact on online customer satisfaction [J]. Procedia Computer Science, 2011 (3): 276-281.

[174] Lin H F. The role of online and offline features in sustaining virtual communities: an empirical study [J]. Internet Res., 2017, 17 (2): 119-138.

[175] Lin H H, Wang Y H. An examination of the determinants of customer loyalty in mobile commerce contexts [J]. Inf. Manag, 2006 (43): 271-282.

[176] Linda D Hollebeek. The customer engagement/value interface: An exploratory investigation [J]. Australasian Marketing Journal, 2013 (21): 17-24.

[177] Lindgaard G, Dude K C. What is this evasive beast we call user satisfaction? [J]. Interact. Comput., 2003 (15): 429-452.

[178] Liu M C, Chen Y S, Sun D, et al. Extending the TAM model to explore the factors that affect intention to use an online learning community [J]. Computers & Education, 2010, 54 (2): 600-610.

[179] Liu Y, Li Y, Zhang H, et al. Gender differences in information quality of virtual communities: a study from an expectation-perception perspective [J]. Personality Individ. Differ, 2017, 104 (1): 224-229.

[180] Liu Y, Shrum P L J. What is interactivity and is it always a good thing? Implications of Definition, person, and situation for the influence of interactivity on advertising effectiveness [J]. Journal of Advertising, 2002, 31 (4): 53-64.

[181] Lloyd A E, Luk S T. Interaction behaviors leading to comfort in the service encounter [J]. J Serv Mark, 2011, 25 (3): 176-189.

[182] Lovelock C, Gummesson E. Whither services marketing? In search of a new paradigm and

fresh perspectives [J]. Journal of service research, 2004, 7 (1): 20-41.

[183] Lu H P, Lee M R. Demographic differences and the antecedents of blog stickiness [J]. Online Inf. Rev., 2010, 34 (1): 21-38.

[184] Lusch R F, Vargo SL. Service dominant logic: Reactions, reflections and refinements [J]. Marketing Theory, 2006a, 6 (3): 281-288.

[185] Lusch R F. The small and long view [J]. Journal of Macromarketing, 2006, 26 (2): 240-244.

[186] Lydia Hanks, Nathaniel D Line. The restaurant social servicescape: Establishing a nomological framework [J]. International Journal of Hospitality Management, 2018 (74): 13-21.

[187] M Ángeles, Oviedo-García, Manuela Vega-Vázquez, et al. Tourism in protected areas and the impact of servicescape on tourist satisfaction, key in sustainability [J]. Journal of Destination Marketing & Management, 2019 (12): 74-83.

[188] Maddux W W, Brewer M B. Gender differences in the relational and collective bases for trust [J]. Group Processes Intergroup Relat., 2005, 8 (2): 159-171.

[189] Maglio P P, Vargo S L, Caswell N, et al. The service system is the basic abstraction of service science [J]. Information Systems and e-business Management, 2009, 7 (4): 395-406.

[190] Maglio P, Spohrer J. Fundamentals of service science [J]. Journal of the Academy of Marketing Science, 2008, 36 (1): 18-20.

[191] Marchand D A, Davenport T H, Dickson T. Mastering Information Management FT-Prentice-Hall [M]. UK: Harlow, 2000.

[192] Martin C L. Customer-to-customer relationships: Satisfaction with other consumers' public behavior [J]. Journal of Consumer Affairs, 1996, 30 (1): 146-169.

[193] Mascarenhas O A, Kesavan R, Bernacchi M. Lasting customer loyalty: A total customer experience approach [J]. Journal of Consumer Marketing, 2006, 23 (7): 397-405.

[194] Mattila A S, Wirtz J. Congruency of scent and music as a driver of instore evaluations and behavior [J]. Journal of Retailing, 2001, 77 (2): 273-289.

[195] McCullough M E. Forgiveness as human strength: Theory, measurement, and links to well-being [J]. Journal of Social and Clinical Psychology, 2000 (19): 43-55.

[196] McKinney, Yoon K, Zahedi F. The measurement of Web-customer satisfaction: an expectation and disconfirmation approach [J]. Information Systems Research, 2002, 13

(3): 296-315.

[197] McMillan S J, Hwang J S. Measures of perceived interactivity: An exploration of the role of direction of communication, user control, and time in shaping perceptions of interactivity [J]. Journal of Advertising, 2002, 31 (3): 29-42.

[198] McMillan S J. Interactivity is in the eye of the beholder: Function, perception, involvement, and attitude toward the web site [M]. Pullman, WA, 2000: 71-78.

[199] Mittal V, Kamakura W A. Satisfaction, repurchase intent, and repurchase behavior: investigating the moderating effect of customer characteristics [J]. J. Mark. Res., 2001 (38): 131-142.

[200] Mokyr J. The gifts of Athena: Historicalorigins of the knowledge economy [M]. Princeton: Princeton Univ. Press, 2004.

[201] Mollen A, Wilson H. Engagement, telepresence, and interactivity in online consumer experience: Reconciling scholastic and managerial perspectives [J]. Journal of Business Research, 2010, 63 (9-10): 919-925.

[202] Moore R, et al. The impact of consumer-to-consumer interactions in high personal contact services setting [J]. Journal of Services Marketing, 2005, 19 (7): 482-491.

[203] Moorman, Deshpande R, Zaltman G. Factors affecting trust in market relationships [J]. Journal of Marketing, 1993, 57 (1): 81-101.

[204] Moorman, Zaltman G, Deshpandé R. Relationships between providers and users of market research: the dynamics of trust within and between organizations [J]. Journal of Marketing Research, 1992, 29 (3): 314-328.

[205] Morgan, Hunt S. The commitment-trust theory of relationship marketing [J]. J. Mark., 1994 (58): 20-38.

[206] Morry M N, Reich T, Kito M. How do I see you relative to myself? Relationship quality as a predictor of self and partner-enhancement within cross-sex friendships, dating relationships, and marriages [J]. The Journal of Social Psychology, 2010, 150 (4): 369-392.

[207] Mortimer G, Clarke P. Supermarket consumers and gender differences relating to their perceived importance levels of store characteristics [J]. Journal of Retailing and consumer Services, 2011 (18): 575-585.

[208] Muniz A M Jr, O' Guinn T C. Brand community [J]. Journal of Consumer Research, 2001, 27 (4): 412-432.

[209] Muylle S, Moenaert R, Despontin M. The conceptualization and empirical validation of web site user satisfaction [J]. Information & Management, 2004 (41): 543-560.

[210] Myung E, McCool A C, Feinstein A H. Understanding attributes affecting meal choice decisions in a bundling context [J]. Int. J. Hosp. Manag., 2008 (27): 119-125.

[211] Na Young Jung, Soohyun Kim, Soyoung Kim. Influence of consumer attitude toward online brand community on revisit intention and brand trust [J]. Journal of Retailing and Consumer Services, 2014 (21): 581-589.

[212] Narasimhaiah Gorla, Toni M Somers, Betty Wong. Organizational impact of system quality, information quality, and service quality [J]. The Journal of Strategic Information Systems, 2010, 19 (3): 207-228.

[213] Neghina C, Caniels M C J, Bloemer J M M, et al. Value Cocreation In Service interactions: Dimensions And antecedents [J]. Marketing Theory, 2015, 15 (2): 221-242.

[214] Nguyen. The collective impact of service workers and servicescape on the corporate image formation [J]. Int. J. Hospit. Manag., 2006, 25 (2): 227-244.

[215] NONAKA T, IGARASHI M, MIZUYAMA H. A customer satisfaction model for effective fast fashion store service [J]. IFIP Advances in Information and Communication Technology, 2014 (439): 587-594.

[216] Noor Farizah Ibrahim, Xiaojun Wang, Humphrey Bourne. Exploring the effect of user engagement in online brand communities: Evidence from Twitter [J]. Computers in Human Behavior, 2017 (72): 321-338.

[217] Normann R, Ramírez R. Designing interactive strategy [J]. Harvard Business Review, 1993, 71 (4): 65-77.

[218] Olga Oyner, Antonina Korelina. The influence of customer engagement in value co-creation on customer satisfaction: Searching for new forms of co-creation in the Russian hotel industry [J]. Worldwide Hospitality and Tourism Themes, 2016, 8 (3): 327-345.

[219] Oliver R L. A cognitive model of the antecedents and consequences of satisfaction decisions [J]. Journal of Marketing Research, 1980, 17 (4): 460-469.

[220] Oliver R L. Whence Customer Loyalty? [J]. Journal of Marketing, 1999 (63): 33-44.

[221] Overby J W, Lee E. The effects of utilitarian and hedonic online shopping value on consumer preference and intentions [J]. J. Bus. Res., 2006 (59): 1160-1166.

[222] Palmatier R W, Dant R P, Grewal D, et al. Evans Factors influencing the effectiveness of relationship marketing: A meta-analysis [J]. Journal of Marketing, 2006, 70 (4):

136-153.

[223] Parasuraman A, Berry L, Zeithaml V. Refinement and reassessment of the SERVQUAL scale [J]. Journal of Retailing, 1991, 67 (4): 420-450.

[224] Parasuraman A, Zeithaml V, Berry L. SERVQUAL: a multiple item scale for measuring customer perceptions of service quality [J]. Journal of Retailing, 1988 (64): 12-40.

[225] PAUL B. Yahoo: getting sticky with it [N]. Wired News, 1999-03-22.

[226] Pavlik J V. New media technology: Cultural and commercial perspectives [M]. Boston, 1998.

[227] Ple L. Studying customers' resource integration by service employees in interactional value co-creation [J]. J ServMark, 2016, 30 (2): 152-164.

[228] Prahalad C K, Ramaswamy V. Co-creation experiences: The next practice in value creation [J]. Journal of Interaction Marketing, 2004, 18 (3): 5-14.

[229] Prahalad C K, Ramaswawy V. Future of Competition: Co-Creating Unique Value with Customers [M]. Harcard Business School Press, 2004.

[230] Prahalad K, Venkat Ramaswamy. Co-Creating Unique Value With Customers [J]. Strategy & Leadership, 2004, 32 (3): 4-9.

[231] Price L L, Arnould E J, et al. Going to extremes: Managing service encounters and assessing provider performance [J]. Journal of Marketing, 1995, 59 (2): 83-97.

[232] Raajpoot N. Reconceptualizing Service Encounter Quality in a Non-Western Context [J]. Journal of Service Research, 2004, 7 (2): 181-201.

[233] Rafaeli S. Interactivity: From New Media to Communication [J]. Sage Annual Review of Communication Research: Advancing Communication Science, 1988 (16): 110-134.

[234] Ramaswamy, Venkat. Co-Creating Development [J]. Development Outreach, 2011, 13 (2): 38-43.

[235] Ranjan K R, Read S. Value co-creation: Concept and measurement [J]. Journal of the Academy of Marketing Science, 2014, 44 (3): 290-315.

[236] Ranjan K R, Sugathan P, Rossmann A. A narrative review and meta-analysis of service interaction quality: new research directions and implications [J]. J Serv Mark, 2015, 29 (1): 3-14.

[237] Reimer A, Kuehn R. The impact of servicescape on quality perception [J]. Eur. J. Mark, 2005, 39 (7/8): 785-808.

[238] Roberts K, Varki S, Brodie R. Measuring the Quality of Relationships in Consumer Serv-

ices: An Empirical Study [J]. European Journal of Marketing, 2003, 37 (1/2): 169-196.

[239] Rong K, Xiao F, Zhang X Y, et al. Platform strategies and user stickiness in the online video industry [J]. Technological Forecasting and Social Change, 2019 (143): 249-259.

[240] Rosenbaum M S, Montoya D Y. Am I welcome here? Exploring how ethnic consumers assess their place identity [J]. J. Bus. Res., 2007, 60 (3): 206-214.

[241] Ryu A R. The Effect of Customer Perception of the Physical Environments of Family Restaurants on Emotional Response, Customer Satisfaction, and Re-visit Intention [D]. Thesis. Kyunghee University, 2015.

[242] Saad G, Gill T. Applications of evolutionary psychology in marketing [J]. Psychol. Mark., 2000 (17): 1005-1034.

[243] Saad G, Vongas J G. The effect of conspicuous consumption on men's testosterone levels [J]. Organ. Behav. Hum. Decis. Process, 2009 (110): 80-92.

[244] Salganik, Matthew J, Peter Sheridan Dodds, Duncan J Watts. Experimental Study of Inequality and Unpredictability in an Artificial Cultural Market [J]. Science, 2006, 311 (5762): 854-856.

[245] Santos J. E-service quality: A model of virtual service quality dimensions [J]. Managing Service Quality, 2003, 13 (3): 233-246.

[246] Schneider B, Smith D B, Goldstein H W. Attraction-selection-attrition: Toward a person-environment psychology of organizations [C]. B Walsh, New Directions in Person-environment Psychology, 2000.

[247] Schneider B. The service organization: climate is crucial [J]. Organizational Dynamics, 1980, 9 (2): 52-65.

[248] Shackelford T K, Schmitt D P, Buss D M. Universal dimensions of human mate preferences [J]. Personal. Individ. Differ., 2005 (39): 447-458.

[249] Shaq M. A study on relationship between service quality and customer satisfaction: An empirical evidence from pakistan telecommunication industry [J]. Management Science Letters, 2011, 1 (4): 523-530.

[250] Sheth J. Buyer-seller interaction: A conceptual framework [J]. Advances in Consumer Research, 1976, 3 (1): 382-386.

[251] Singer-Oestreicher G, Zalmanson L. Content or community? A digital business strategy for

[252] Siu N Y, Penny Y K W, Ping D. The impact of the servicescape on the desire to stay in convention and exhibition centers: the case of Macao [J]. Int. J. Hospit. Manag. , 2012, 31 (1): 236 – 246.

[253] So K, King C, Sparks B, et al. Enhancing customer relationships with retail service brands: the role of customer engagement [J]. J. Serv. Manag. , 2016, 27 (2): 170 – 193.

[254] Sohail M S. Gender differences in mall shopping: a study of shopping behaviour of an emergingnation [J]. J. Mark. Consum. Behav. Emerg, 2015 (1): 36 – 46.

[255] Surprenant C, Solomon M. Predictability and personalisation in the service encounter [J]. Journal of Marketing, 1987 (51): 73 – 80.

[256] Susan Fournier. Consumers and their brands: Developing relationship theory in consumer research [J]. Journal of Consumer Research, 1998, 24 (4): 343 – 373.

[257] Swanson E B. Management information systems: appreciation and involvement [J]. Management Science, 1974, 21 (2): 178 – 188.

[258] Tanner, Robin J, Ferraro R, et al. Of Chameleons and Consumption: The Impact of Mimicry on Choices and Preferences [J]. Journal of Consumer Research, 2008, 34 (April): 754 – 766.

[259] Thakur, Rakhi. What keeps mobile banking customers loyal? [J]. Int. J. Bank Mark, 2014, 32 (7): 628 – 646.

[260] Thunderhead. Engagement 3.0: A new model for customer engagement [EB/OL]. http://www.thunderhead.com/customer engagement/customer – engagement – 3 – 0 – us/, 2014.

[261] Tombs A G, McColl – Kennedy J R. Social and spatial influence of customers on other customers in the social – servicescape [J] Australasian Marketing Journal, 2010, 18 (3): 120 – 131.

[262] VanDoorn J, Lemon K N, Mittal V, et al. Customer Engagement Behavior: Theoretical Foundations and Research Directions [J]. Journal of service research, 2010, 13 (3): 253 – 266.

[263] Vargo S L, Lusch R F. Evolving to a new dominant logic for marketing [J]. Journal of Marketing, 2004, 68 (6): 1 – 17.

[264] Vargo S L, Lusch R F. It's all B2B…and beyond: Toward a systems perspective of the

market [J]. Industrial Marketing Management, 2011, 40 (2): 181-187.

[265] Vargo S L, Lusch R F. Service-dominant logic: Continuing the evolution [J]. Journal of the Academy of Marketing Science, 2008, 36 (2): 1-10.

[266] Vargo S L, Lusch R F. Service-dominant logic: Premises, perspectives, possibilities [C]. Paper presented at the Naples Forum on Service. Italy: Ischia, 2013.

[267] Vargo S L, Lusch R L. The Four Services Marketing Myths: Remnants from a Manufacturing Model [J]. Journal of Service Research, 2004: 324-35.

[268] Vargo S L, Maglio P P, Akaka M A. On value and value co-creation: A service systems and service logic perspective [J]. European Management Journal, 2008, 26 (3): 145-152.

[269] Vivek S D, Beatty S E, Morgan R M. Customer engagement: Exploring customer relationships beyond purchase [J]. Journal of Marketing Theory & Practice, 2012, 20 (2): 122-146.

[270] Vivek S D. A scale of consumer engagement [M]. Dissertations & Theses-Gradworks, 2009.

[271] Wagner J. A model of aesthetic value in the servicescape: Handbook of services marketing and management [J]. Sage, Thousand Oaks CA, 2000: 69-85.

[272] Wakefield K L, Blodgett J G. The effect of the servicescape on customers' behavioral intentions in leisure service settings [J]. J. Serv. Market., 1996, 10 (6): 45-61.

[273] WANG C H. Incorporating customer satisfaction into the decision-making process of product configuration: a fuzzy Kano perspective [J]. International Journal of Production Research, 2013, 51 (22): 6651-6662.

[274] Wang W T, Wang Y S, Liu E R. The stickiness intention of group-buying websites: The integration of the commitment-trust theory and e-commerce success model [J]. Information & Management, 2016 (53): 625-642.

[275] Wang Y, Yu C. Social interaction-based consumer decision-making model in social commerce: The role of word of mouth and observational learning [J]. International Journal of Information Management, 2017, 37 (3): 179-189.

[276] Winsted K F. The Service Experience in Two Cultures: A Behavioral Perspective [J]. Journal of Retailing, 1997, 73 (3): 337-360.

[277] Winsted K. Service behaviors that lead to satisfied customers [J]. European Journal of Marketing, 2000 (34): 399-417.

[278] Wong, H Hung, W Chow. Mediating effects of relationship quality on customer relation-

ships: an empirical study in Hong – Kong [J]. Market. Intell. Plann., 2007, 25 (6): 581 – 596.

[279] Wood W, Eagly A H. A cross – cultural analysis of the behavior of women and men: implications for the origins of sex differences [J]. Psychol. Bull, 2002, 128 (5): 699 – 727.

[280] Woodruff R B. Customer value: the next source for competitive advantage [J]. Journal of the Academy of Marketing Science, 1997, 25 (2): 139 – 153.

[281] Wooliscroft B. Rehumanizing Marketing (and Consumer Behaviour) [M]. Humanistic Marketing, Palgrave Macmillan UK, 2014.

[282] Wu C H. The influence of consumer – to – consumer interactions and role typology on consumer reaction [J]. Service Industries Journal, 2008, 28 (10): 1501 – 1513.

[283] Wu L. Factors of continually using branded mobile apps: The central role of app engagement [J]. International Journal of Internet Marketing and Advertising, 2015, 9 (4): 303 – 320.

[284] Wulf K D, Iacobucci O S. Investments in consumer relationships: a cross – country and cross – industry exploration [J]. J. Mark., 2001 (65): 33 – 50.

[285] Xu F, Qi Y, Li X T. What affects the user stickiness of the mainstream media websites in China? [J]. Electronic Commerce Research and Applications, 2018 (29): 124 – 132.

[286] Ye Chen, Zhibin Lin. Fashionability vis – à – vis rationality: investigating factors driving users' e – tourism website stickiness [J]. Current Issues in Tourism, 2015: 1 – 17.

[287] Yim C K, Chan K W, Lam S K. Do customers and employees enjoy service participation? synergistic effects of self – and other – efficacy [J]. Journal of Marketing, 2012 (76): 121 – 140.

[288] Yin Jie. Interactivity of Internet – based conmmunicaitons: Impacts on e – business customer decisions [D]. The J. Mack Robinsin College of Business Administration of Georgia State University, 2002.

[289] Yu, Roy S K, Quazi A, et al. Internet entrepreneurship and "the sharing of information" in an Internet – of – Things context: the role of interactivity, stickiness, e – satisfaction and word – of – mouth in online SMEs' websites [J]. Internet Res., 2017, 27 (1): 74 – 96.

[290] Zeithaml, Valarie A, Bitner, et al. Services marketing: integrating customer focus across the firm [M]. New York: McGraw-Hill, 2008.

[291] Zhang M L, Guo L Y, Hu M, et al. Influence of customer engagement with company social

networks on stickiness: Mediating effect of customer value creation [J]. International Journal of Information Management, 2017 (37): 229-240.

[292] Zhang M, Guo L, Hu M, et al. Influence of Customer Engagement with Company Social Networks on Stickness: Mediating Effect of Customer Value Creation [J]. International Journal of Information Management, 2017 (37): 229-240.

[293] Zhou Z M, Wu J P S, Zhang Q Y, et al. Transforming visitors into members in online brand communities: Evidence from China [J]. Journal of Business Research, 2013 (66): 2438-2443.

[294] Zviran M, Erlich Z. Measuring IS user satisfaction: review and implications [J]. Communications of the AIS, 2003, 12 (5): 81-104.

[295] 卜庆娟, 金永生, 李朝辉. 互动一定创造价值吗?顾客价值共创互动行为对顾客价值的影响 [J]. 外国经济与管理, 2016, 38 (9): 21-37.

[296] 陈庆. SDL下顾企互动与共创价值的关系研究 [D]. 湖北: 华中科技大学, 2012.

[297] 范志国, 柴海静. 虚拟品牌社群认同对品牌忠诚影响的实证分析——基于价值共创的中介效应 [J]. 商业经济研究, 2016 (20): 22-24.

[298] 关华, 殷敏. 旅游网站信息资源顾客满意度实证研究——以携程旅行网为例 [J]. 北京第二外国语学院学报, 2007 (11): 64-68.

[299] 郭爱云, 杜德斌. 品牌契合、消费者品牌价值创造与品牌价值——基于企业微信公众号的分析 [J]. 江西财经大学学报, 2018 (3): 40-49.

[300] 刘容, 于洪彦. 在线品牌社区顾客间互动对顾客愉悦体验的影响 [J]. 管理科学, 2017, 30 (6): 130-141.

[301] 刘海鑫, 刘人境, 王廷璇. 共创价值模式下消费者知识贡献影响因素研究——社区认同的形成及作用 [J]. 科学学与科学技术管理, 2015, 36 (7): 107-116.

[302] 李志兰. 顾客间互动研究综述与展望 [J]. 外国经济与管理, 2015 (12): 73-85.

[303] 刘容, 于洪彦. 在线品牌社区顾客间互动对顾客愉悦体验的影响 [J]. 管理科学, 2017, 30 (6): 130-141.

[304] 李慢, 马钦海, 赵晓煜. 服务场景研究回顾与展望 [J]. 外国经济与管理, 2013, 35 (4): 62-80.

[305] 李云鹏, 吴必虎. 基于结构方程模型的旅游网站使用者满意度量的比较研究 [J]. 数理统计与管理, 2007 (4): 589-594.

[306] 荆宁宁, 李德峰. 顾客契合研究综述 [J]. 外国经济与管理, 2015, 37 (7): 33-45.

[307] 简兆权, 令狐克睿. 虚拟品牌社区顾客契合对价值共创的影响机制 [J]. 管理学

报，2018，15（3）：326-334.

[308] 焦玉英，雷雪. 基于顾客满意度的网络信息服务质量评价模型及调查分析［J］. 图书情报工作，2008，52（2）：81-84.

[309] 申光龙，彭晓东，秦鹏飞. 虚拟品牌社区顾客间互动对顾客参与价值共创的影响研究——以体验价值为中介变量［J］. 管理学报，2016，13（12）：1808-1816.

[310] 唐嘉庚. 互动性对B2C环境下信任及购买行为倾向影响研究［D］. 上海：复旦大学，2006.

[311] 涂剑波，陈小桂. 顾客与顾客的互动、共创顾客体验和顾客共创价值的关系——以非交易类虚拟社区为例［J］. 武汉理工大学学报（社会科学版），2015，28（5）：942-948.

[312] 万文海，王新新. 共创价值的两种范式及消费领域共创价值研究前沿述评［J］. 经济管理，2013，35（1）：186-199.

[313] 王凤玲. 顾客不当行为背景下互动质量对同属顾客体验和态度影响研究［J］. 商业经济与管理，2017（10）.

[314] 王海萍. 在线消费者粘性研究［D］. 济南：山东大学，2009.

[315] 涂剑波，陶晓波，吴丹. 关系质量视角下的虚拟社区互动对共创价值的影响：互动质量和性别差异的调节作用［J］. 预测，2017，36（4）：01.

[316] 王潇，陈晔，李中. 关系质量的理论发展与研究展望［J］. 商业经济研究，2016（10）：54-58.

[317] 卫海英，张蕾. 服务品牌资产驱动模型研究——基于多维互动质量的视角［J］. 经济管理，2010，32（5）：151-158.

[318] 吴思，凌咏红，王璐. 虚拟品牌社区中互动、信任和参与意愿之间的关系研究［J］. 情报杂志，2011，10（30）：100-106.

[319] 肖轶楠. 互动质量对顾客忠诚的影响机制研究——基于顾客心理视角［J］. 技术经济与管理研究，2017（6）：44-49.

[320] 夏洪胜，肖淑兰. 顾客契合行为对顾客承诺的影响研究——基于自我决定感视角的考察［J］. 华南理工大学学报（社会科学版），2017，19（6）：34-46.

[321] 杨晶，李先国，陈宁颉. 在线品牌社区情境下顾客参与对顾客购买意愿的影响机制研究［J］. 中国软科学，2017（12）：116-126.

[322] 杨仁洁，程克群. 在线品牌社区顾客参与对品牌承诺的影响——以苹果社区成员为调查对象［J］. 2018，18（5）：51-57.